누구나 성공하는 우리샵 비즈니스

이 책을 전해주신 분께서 우리샵 비즈니스에 대한
정보와 세미나에 대해 자세히 안내해 줄 것입니다.

성 명 : _____

연락처 : _____

이메일 : _____

우리샵,

네트워크 비즈니스의 판을 바꾸다

우리샵,
네트워크 비즈니스의 판을 바꾸다

전호근 지음

실
전
편

모아북스
MOABOOKS

소비가 돈이 되는 우리집 쇼핑몰 '우리샵'

• •

네트워크 비즈니스를 처음 만난 건 대략 30년 전입니다.

그야말로 평범한 농부의 아들로 시골 마을에서 태어난 나는 꿈이 없었습니다. 군대 만기전역을 앞두고서야 '나는 무엇을 하고 살아야 할까' 고민하기 시작했던 것 같습니다. 이것도 성에 안 차고 저 길도 맘에 안 들었습니다.

여러 생각 끝에 '나는 돈을 많이 벌어서 부자가 되어야겠다. 그럼 이것저것 하고 싶은 일을 마음껏 할 수 있지 않겠는가' 라는 막연한 생각으로 부자가 되리라는 목표를 정해놓고 전역하였습니다.

그렇게 전역을 하고 한 달이 채 안 되어 스물네 살 겨울에 네트워크 비즈니스, 지금 생각하니 피라미드인 다단계사업을 만난 것입니다. 무한한 소득의 가능성에 내 뚜껑은 안드로메

다로 날아갔고 이후 10년 네트워크 비즈니스 사업자의 생활이 시작되었습니다.

산전수전, 크고 작은 성공과 실패를 겪으면서 사업자 스피릿이 생겨났습니다. 네트워크 비즈니스 사업자들의 한과 꿈 그리고 그들이 원하는 회사의 모습 등 공부해서 배운 게 아니라 현장에서 함께 울고 웃으면서 체득한 스피릿입니다.

서른세 살에 8년의 열애 끝에 기적처럼 결혼하고 서른네 살에 회사를 시작했습니다.

이후 10년 동안 경영자로서의 산전수전이 시작되었습니다. 심지어 공중전, 백병전, 패자부활전, 안드로메다 우주전으로, 끝나지 않고 피할 수 없는 나날로 이어졌습니다.

나는 절망이라는 단어를 사전에 배운 게 아니라 사업 현장에서 몸으로 전율하며 배웠습니다. '아, 지금 이런 상황을 절망이라고 하는구나' 나아갈 수도 돌아갈 수도 없는 모든 것이 막혀버린 숨이 멎을 것 같은 상황에 '이제 끝이구나' 하는 많은 순간을 겪었습니다.

그러나 그것이 끝이 아니었고 나는 지금 이렇게 이 글을 쓰고 있습니다.

"절망은 사탄이 주는 거짓 확신이다."

_ 에이브러햄 링컨

그 고통의 세월에서 나를 지킨 건 하나님이었습니다. 전적으로 하나님의 은혜입니다. 나는 내게 주신 하나님의 약속을 믿었고, 그 믿음이 나를 흔들림이 없도록 견고하게 지탱시켜 주었습니다.

말씀 한 구절 한 구절이 나에겐 현실이었고 힘이었고 견고한 반석이었습니다. 이제는 그 말씀들이 동행한 날들의 추억이 되어 나를 미소 짓게 합니다. 너무 힘들었고, 하나도 힘들지 않았습니다. 그 세월을 어찌 몇 마디 말로 담아낼 수 있을까요.

네트워크 비즈니스 사업자로서의 10년과 회사 오너로서의 10년은 전혀 다른 영역으로 완전히 다른 경험과 관점, 노하우를 쌓게 했습니다. 그 간절함과 그 수많은 시행착오와 그 눈물의 세월. '이렇게 하면 성공한다, 다시는 실패할 수 없다' 그 모든 노하우와 경험과 철학, 영혼을 담아 2014년 6월 드디어 우리샵이 세상에 첫발을 내디뎠습니다.

소비가 소득이 되는 우리샵. 소비자가 주인이 되는 플랫폼.

우리집 쇼핑몰 '우리샵' 의 탄생 순간이었습니다.

네트워크 비즈니스 같으나 기존의 네트워크 비즈니스가 아닌 사업. 판매가 아닌 소비 영역의 최초이자 현존하는 유일의 비즈니스!

'그것 말고 우리 회사 제품이 더 좋아' 라는 것이 아니라 '그거 좋은 줄 아는데 어디서 살 거야? 우리샵은 마진의 90%를 돌려주는데…'

'응 우리샵. 백이면 백, 같은 대답이 나올 수밖에 없는 비즈니스 우리샵!'

우리샵은 '우리집 소비 플랫폼' 이라는 비전을 내걸고 시작되었으나 9년 전의 시작은 하나의 제품이었습니다.

그 하나가 백이 되고 백이 천이 되어 지금은 누적 입점 상품 수가 3,400만 개를 넘어섰고 이 모든 판매마진의 90%를 소비자에게 1원짜리 하나까지 현금으로 돌려주고 있습니다.

소비자가 주인인 쇼핑몰, 우리집 쇼핑몰
www.woorishop.com

9년 전 제품 하나일 때 비전을 보고 함께 시작했던 분들은 지금은 연봉 수억 원의 성공자들이 되었습니다.

세상에… 소비하는 공간을 바꿨을 뿐인데, 김치를 바꾸라는 게 아니라 김치를 사는 공간을 바꿨을 뿐인데 연봉이 3억 6천, 36억이라니….

우리샵은 옥션과 같은 플랫폼입니다. 입점자에게도 소비자에게도 플랫폼입니다. 우리는 이 플랫폼을 각 가정에 장착시켜 나감으로써 우리집 소비 플랫폼이라는 개념을 만들어냈습니다.

경제구성의 3요소가 무엇인가요?
국가, 기업 그리고 가정입니다. 국가는 조정자 역할, 기업은 생산자 역할, 가정은 소비의 축이 됩니다.

이 가정이란 곳에 소비 플랫폼을 구축한 것입니다. 그동안 돈을 쓰는 존재로만 여겨져 온 가정, 소비자가 우리샵으로 인해 90%의 마진을 가져가는 상거래의 주인으로 바뀌게 되었습니다.

소비자가 가장 잘하는 일, 소비자가 가장 신나 하는 일이 바로 소비가 아니던가요. 판매가 아닌 소비입니다. 그 가장 잘하고 가장 신나는 일로 연봉 수억, 수십억을 벌 수 있다니 정말 놀랍지 아니한가요.

판매에서 소비로 네트워크 비즈니스의 판을 바꾼 비즈니스, 우리샵!

이 우리샵은 우리에게 가문의 영광이 될 것이요, 대한민국의 복이 될 것이며, 인류의 자랑이 될 것입니다.

우리샵이 항해를 시작한 지 9년입니다. 절대제품, 절대가격, 절대쇼핑몰, 절대마케팅, 절대성공. 이 하나하나에 우리샵의 경쟁력과 위대함이 다 들었습니다. 나는 교육이 없이도 돌아가는 플랫폼 비즈니스를 꿈꾸었습니다.

플랫폼이 너무 좋아서, 플랜이 너무 좋아서, 저절로 확산되는 비즈니스를 꿈꾸었습니다.

그러나 현실은 그렇지 못했습니다. 늘 궁금했습니다.

뭐가 문제지? 뭐가 부족한 건가? 왜 될 듯 될 듯 그 자리를 맴돌고 있지? 쇼핑몰은 점점 더 성장해가는데, 플랫폼은 점점 더 자리를 잡아가고 플랜은 어떤 회사와 견주어도 압도적 경쟁력이 있는데, 조직은 왜 항상 그 자리일까?

답답했습니다. 답을 찾기 시작했습니다. 마침 코로나로 인해 각 네트워크 회사들이 온라인 영상을 여기저기서 쏟아내고 있었습니다.

나는 1, 2등을 다투는 암웨이와 애터미를 유튜브에서 살펴보기 시작했습니다. 너무너무 부러워하면서 한 영상 한 영상, 성공자들과 사업자들의 스피치를 탐독해갔습니다. 이것저것 시스템에 관한 책도 많이 읽었습니다. 어떤 것도 나를 시원하게 하지 못했습니다.

그러던 어느 날 내 눈에, 내 귀에 하나의 강의가 들어왔습니다. 마이클 허 사장님의 시스템 강의였습니다.

마이클 허 사장님은 암웨이에서 정통 시스템을 경험하고 지금은 애터미에서 사업하면서 그 시스템을 혼을 바쳐 전수해 주고 있었습니다. 내 심장이 요동치기 시작했습니다.

시스템, 시스템. 어느 회사나 어느 사업자나 외쳐대는 시스템! '시스템대로 해야 합니다.' '시스템대로 해야 성공합니다.'

그런데 정작 그 시스템이 뭔지 몰랐습니다.

'교육에 백 번, 천 번 참석하는 것이 시스템인가?' 도대체 시스템의 실체가 무엇인가 전혀 모르면서 소경이 소경을 인도하는 식의 네트워크 비즈니스를 해오고 있었습니다.

64년간 공개된 적이 없는 네트워크 시스템의 비밀.

그 비밀을 마이클 허 사장님이 온 세계가 보라는 듯 유튜브에 오픈해놓고 있었습니다. 나는 그야말로 식음을 전폐한 듯 강의 하나하나를 눈에, 귀에 달고 살았습니다. 시스템 가이드 책도 구매하여 밑줄을 그어가며 읽고 또 읽었습니다.

와!!!

'이것이었구나. 이것이 시스템이었구나!'

정말 온몸에 전율이 느껴지고 희망이 차올랐습니다.

1초라도 빨리 이 시스템을 우리 사업자분들에게 알려주고 싶었습니다. 그리고 역사적으로 처음 일요일 오후에 시스템 비즈니스 스쿨을 개설하여 12주 동안 진행했습니다.

나도 처음, 사업자분들도 처음이었습니다. 그러나 역시 시스템은 시스템이었습니다. 하나둘 변화가 일어나기 시작했습니다. 소극적이던 사업자들의 마인드가 그야말로 주도적으로 적극적으로 변화가 되어가기 시작했고 내 안의 진정성이 그 입술들을 통해 나오기 시작했습니다.

우리는 입만 가지고 하는 사업이 아니던가요. 그런데 그 입으로 아무 말 대잔치나 하고 있던 당나라 군대가 이제는 입술 9단의 특수부대로 변해갔습니다.

절크삼더기, 자교팀프복, 꿈결명초만후상복, 인자행결평, 1분스피치 & 액션5, 빅텐트, 스몰텐트, OVOV시스템.

한 글자, 한 문장 쳐다만 봐도 정겹고 행복합니다.

이후에 소개할 우리샵 시스템은 마이클 허 사장님을 통하여 보고 배운 것들임을 밝히며 마이클 허 사장님께 이 지면을 빌려 진심으로 감사의 마음을 전합니다.

우리샵에서 정말 성공하고 싶으신가요?

그렇다면 가장 먼저 할 일은 배우는 것입니다. 한 번도 해보지 않은 네트워크 비즈니스 우리샵. 완전히 잘못 해온 네트워크 경험 다 비우고 버리고 하나씩 배워가면 누구나 다 꿈에 바라던 성공의 자리에서 완전한 자유인이 되어있을 것입니다.

완전한 우리샵의 마지막 퍼즐, 절대시스템이 장착되었습니다. 절대제품, 절대가격, 절대쇼핑몰, 절대마케팅, 절대성공, 절대시스템.

이 아름다운 완전체, 우리샵이 여러분을 완전한 자유인으로 인도할 것입니다. 이제 배울 준비가 되었습니까?

전호근

PART 2 복제의 원본, '나' 만들기

PART 3 복제 성공원본 '우리' 만들기

● ●

이 책은 우리샵 비즈니스에 초점이 맞춰져 있습니다.

이 책은 네트워크 비즈니스의 핵심 원리와 진행 원칙 그리고 사업 철학을 바탕으로 ㈜더우리샵의 비전과 전략 그리고 시스템까지 두루 담았습니다.

〈들어가는 글〉에서는 소비자가 주인이 되는 '우리집 쇼핑몰'의 탄생 이야기를 풀어놓습니다.

그 이야기를 배경으로 [PART 1]에서는 "우리샵의 비전과 전략"을 제시하는데, 시대의 흐름을 잡는 우리샵 비즈니스, 유통의 흐름을 바꾼 우리샵의 유통혁명, 소비가 곧 소득이 되는 우리샵, 소비가 결국 사업이 되는 우리샵, 지속 가능한 비즈니스 우리샵, 우리샵의 OVOV 시스템 및 구성, 네트워크 비즈니스 십계명, OVOV 전략과 RM로컬미팅 진행에 관해 얘기합니다.

이어 실행 편인 [PART 2]에서는 "복제의 원본, '나' 만들기"에 관해 체계적으로 설명하는데, 네트워크 비즈니스에서의 성공적인 꿈을 시작으로 결단, 명단 작성, 초대, 사업설명, 후속 조치, 상담, 복제 등 단계별로 실제적인 내용을 기술하였습니다.

마지막으로 [PART 3]에서는 우리샵 비즈니스 시스템의 요체인 "복제 성공본 '우리' 만들기" 에 관해 자세히 소개합니다.

이 책은 이론만 있고 필드를 모르는 네트워크 도서가 아니라 필드에서 실제 사업을 진행하면서 가장 가려워하는 부분에 대한 해답이 들어 있다고 자부합니다.

경험해보지 않고서는 알 수 없는 내용을 콕 집어서 시원하게 풀어놓았으니 성공을 갈망하는 모든 이들에게 확실한 선물이 되기를 바랍니다.

PART 1

우리샵의 비전과 전략

우리샵 제품은 현재 3,400만 개가 넘었고 계속해서 퀄리티 제품이 늘어나고 있습니다. 마진의 90%를 소비자에게 돌려준다는 이 철학이 바뀌지 않는 한, 이 비즈니스는 지속 가능하며 무한 확장을 이루어갈 것입니다. 우리샵을 시작한 이들이 완전한 자유인을 꿈꾸는 이유가 여기에 있습니다.

시대를 담는 비즈니스, 우리샵

• 우리샵의 비전

- 세상의 모든 가정에 우리샵을 공급한다.
- 새로운 소비문화를 창조하여 소비자들의 삶의 질을 개선한다.
- 부의 공평하고 공정한 분배를 통해 건강하고 행복한 사회를 만들어 간다.

• 우리샵의 개념

- 기능적으로 우리샵은 오픈마켓형 종합쇼핑몰 분양솔루션이다.
- 개념적으로 우리샵은 판매플랫폼이 아닌 소비플랫폼이다.
- 문화적으로 우리샵은 '우리집 소비는 우리집쇼핑몰' 에서 라는 새로운 소비문화를 선도한다.

• 우리샵의 경영방침

- 이타적이고 적극적이며 책임지는 경영을 한다.

》 21세기 메가트랜드와 우리샵

메가트랜드	농경사회	산업화사회	정보화사회	21세기 비지니스	결론
직업	농업	산업	정보업		
비율	90%	90%	90%		
일터	논밭	공단	가상의 공간		
생산력	1	100	∞	인터넷기반	
자원	힘	석유	지식정보	소비자중심	wɑorishop
				가족중심	'우리샵'
생산형태	소비를 위한 생산	판매를 위한 생산	소비를 위한 생산	웰니스	
근로형태	가족단위	개인	가족단위		
사회구성원	균형사회	청년사회	고령화 초고령화사회		

　우리샵은 시대의 흐름에 맞는 비즈니스일까요? 어떤 일이든 흐름을 역행하면 고생만 하다가 끝이 나게 됩니다. 마치 오늘 어린이 날인데 어제와 다름없이 여전히 학교 앞으로 가서 솜사탕 팔려고 자리 펴는 꼴입니다.

　우리샵은 시대의 흐름을 역행하는가, 시대의 흐름을 따라가는가, 아니면 시대의 흐름을 담아내고 있는가.

　대한민국은 농경사회를 넘어 산업화 사회, 그리고 이제 정보화 사회를 살고 있습니다. 가장 대표적인 공간이 논밭이었던 '구로' 가 '구로공단역' 이었다가 지금은 '구로디지털단지

역' 이 된 것입니다.

산업의 중심이 무엇이냐에 따라 직업의 구성비율도 바뀝니다. 농경사회에서는 사람들 대부분이 농사 짓고 살았고, 산업화 사회에서는 공장에서 먹고 살았고, 정보화 사회에서는 디지털 분야에서의 많은 직업으로 먹고살지 않겠습니까.

문제는 우리나라가 정보화 사회를 살고 있으나 그 구성원들의 절반이 60세가 넘는 초고령화 사회로 가고 있다는 것입니다.

예전에 60세면 은퇴할 나이였지만, 지금 100세 시대에서는 이제 중간 세대 허리 세대밖에 안 되는, 여전히 일해야 하는 나이입니다.

디지털 산업이 주류인 시대에서 50~60세가 넘는 베이비부머들의 역할, 직업이 무엇인가 고민되지 않을 수 없습니다.

정보화 사회에서의 일터는 논밭이나 공장이 아닌 가상의 공간이 되었습니다. 생산력은 또 어떠한가요.

농경사회의 자원은 밥심, 즉 힘이었습니다. 사람과 가축의 힘으로 생산하던 생산력 1의 시대를 지나 산업화 사회에서의 자원은 석유로 대변되는 기계의 힘입니다. 마차와 기관차의 대결에 비유됩니다. 생산력 100배, 1,000배 시대가 열렸으나 역시 자원의 한계가 있습니다.

정보화 사회의 생산력은 어떨까요?

무한대입니다. 정보화 사회의 자원은 개인의 지식과 정보인데 이 지식과 정보가 인터넷이란 공간에서 전 세계가 초연결되어 끝없는 빅뱅의 창조가 일어납니다. 그야말로 무한대의 생산력이 있는 곳이 이 가상의 공간입니다.

21세기는 어떤 사업을 해야 할까요?

첫째, 인터넷 기반의 비즈니스를 해야 합니다.

인터넷에 없는 가게는 세상에 없는 것과 같습니다. 인터넷에 없는 제품은 세상에 존재하지 않는 제품입니다. 인터넷에 없는 책은 아무도 구매하지도 읽지도 않습니다.

둘째, 소비자 중심의 비즈니스를 해야 합니다.

제품만 만들면 팔리는 시대가 지났습니다. '내 제품이 최고의 품질이야' 라는 시대도 지났습니다. 정말 좋은 제품이 너무 너무 많습니다. 이제는 그 제품을 소비하는 소비자 중심의 비즈니스를 해야 합니다.

정보화 사회에서 개인이 가지는 파워는 하나의 기업을 능가합니다. 인터넷 기반의 초연결 사회에서 이제 개인은 개인이 아닌 전체가 되기 때문입니다. 그 막강한 파워를 지닌 개인,

즉 소비자 중심의 비즈니스여야 합니다.

셋째, 웰니스 기반의 비즈니스를 해야 합니다.

초고령화, 초초고령화 사회에서 건강산업은 천만장자를 쏟아 낼 것입니다. 약이 아닌, 병원이 아닌 건강산업에서 혁명이 일어나고 있습니다.

우리샵은 이 모든 것을 담고 있습니다. 우리샵에서 나의 아이디ID를 개설하는 순간 이 모든 흐름을 그대로 안게 되는 것입니다.

유통의 흐름을 바꾼 우리샵

1세대 유통은 '제조→ 총판→ 도매 →소매 →소비자' 로 이어집니다. 여기서 소비자의 역할은 돈을 쓰는 사람입니다.

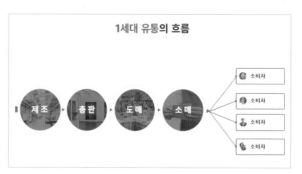

2세대 유통은 '제조→ 대형마트 또는 TV홈쇼핑→ 소비자' 로 연결됩니다. 여기서 소비자의 역할은 역시 돈을 쓰며 소비하는 사람입니다.

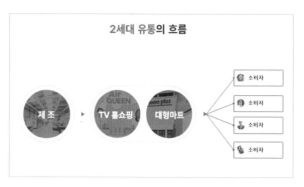

3세대 유통에서 드디어 플랫폼이 등장합니다. 옥션, 지마켓, 쿠팡, 11번가 등입니다. 이들은 판매자와 소비자를 연결해주는 플랫폼입니다. 여기서도 소비자는 역시 돈을 쓰는 사람입니다.

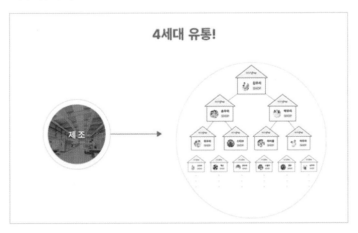

이제 4세대 유통이 등장했습니다. 제조 → 우리샵 → 우리

샵 → 우리샵 → 우리샵. 여기에서 소비자는 돈을 버는 사람이 됩니다. 우리샵은 플랫폼이 우리집으로 직접 들어오는 개념입니다.

플랫폼도 내 것, 마진도 내 것. 그래서 소비자가 주인이 되는 쇼핑몰 '우리집 소비 플랫폼' 우리샵 입니다. 우리샵은 공간을 바꾸는 비즈니스입니다.

토끼와 거북이가 달리기 시합을 하면 누가 이길까요?

당연히 토끼가 이긴다고 답하겠지만 그 시합의 공간이 바다라면, 거북이가 여유 있게 이기지 않을까요? 이렇게, 같은 경

주를 하더라도 어느 공간에서 하느냐에 따라 승자가 바뀌는
것입니다. 소비자가 소비를 하면 누가 돈을 버나요?

당연히 그 유통채널이 법니다. 내가 이마트에서 소비하거나
옥션에서 소비하면, 돈을 버는 건 내가 아닌 건 분명합니다.

그런데 우리샵으로 소비의 공간을 바꾸면, 즉 내가 우리샵
에서 소비하면 그 마진의 90%가 나에게 우리집으로 들어옵니다.

CASH 90% BACK 우리샵!

정말 혁명적인 전환입니다.

이 세상의 모든 가정은 숨겨진 금맥이며 마르지 않는 금맥입니다. 이 금맥을 시추해가는 주인이 기업에서 가정으로, 판매자에서 소비자로 바뀌는 것입니다.

_참고 도서

03

소비가 곧 소득이 되는 우리샵

같은 상품을 같은 가격에 구매했는데 마진의 90%를 돌려준
다면 어디서 구매하시겠습니까?

당연히, 우리샵입니다.

우리샵에는 이미 3,400만 개가 넘는 상품이 입점해 있습니다. 특정 화장품, 세제, 치약, 칫솔을 판매하는 비즈니스가 아닙니다. 내가 구매하면 누군가가 돈을 벌어가는 비즈니스가 아닙니다. 가장 기본적으로 구매하는 당사자이자 소비자인 내가 가장 먼저 돈을 벌어갑니다.

나의 소비가 소득으로 돌아오는 공간입니다. 그야말로 나의 소비행위 자체가 나의 소득이 됩니다.

우리샵은 무료입니다.

세상의 모든 가정은 무료로 본인들의 쇼핑몰을 가질 수 있습니다. 그리고 그 쇼핑몰에서 일어나는 모든 소비활동에 대해서 마진을 최대 90% 돌려받게 됩니다.

소비가 결국 사업이 되는 우리샵

정상적인 소비자라면 당연히 우리샵을 선택하게 됩니다. 그 소비가 이제 사업으로 이어집니다. 이런 쇼핑몰이라고 입소문을 내게 되면 나로부터 파생되는 그 모든 쇼핑몰의 소비에 대해서 무한 단계, 무한 누적으로 우리 집의 사업소득으로 연결됩니다.

돈을 투자하는 사업이 아닙니다. 점포를 여는 사업이 아닙니다. 그야말로 입만 있으면 할 수 있는 사업입니다.

내가 김치를 사 먹고 캐시백 받고 입소문 내었더니 옆집은 고기 사 먹고 캐시백 받고 입소문 내고, 그 아랫집은 쌀, 라면 사 먹고 캐시백 받고 입소문 내고, 이런 입소문이 무한대로 퍼져나가게 됩니다.

그 소문을 따라 연결된 모든 쇼핑몰이 나에게 소득이 됩니다. 스타라는 직급이 되면 소득의 한계가 없어집니다.

연봉 3억 6천을 넘어 10억, 20억, 30억….

나의 꿈의 크기를 따라, 나의 노력의 크기를 따라 무한 소득, 무한 상속으로 연결됩니다.

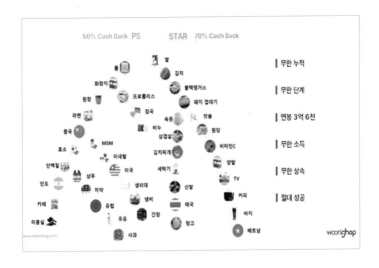

　절대 성공, 무한 상속, 무한 소득, 연봉 3억 6천, 무한 단계, 무한 누적공간을 바꾸는 비즈니스. 브랜드 익스체인지가 아닌 스페이스 익스체인지. 소비가 소득이 되고 소비가 사업이 되는 비즈니스!

　판매 중심의 비즈니스를 소비자 중심의 비즈니스로 판을 바꿔놓은 것이 우리샵입니다. 우리샵 비즈니스 모델은 특허까지 등록되어 있습니다.

우리샵의 혁신적 사업 모델이 인정되어 벤처기업 인증까지
받았습니다.

유통산업 육성을 통한 국가 산업 발전에 이바지한 공로로 국회 표창장을 받았습니다.

또 대한민국 소비자 만족대상 및 글로벌 파워브랜드 대상도 수상하는 등 다양한 분야의 인증을 받아가고 있습니다.

출처: 서울Biz

[2021 대한민국소비자만족대상] 우리샵, 소비자가 주인이 되는 차별화된 쇼핑 플랫폼

입력 2021.04.27 12:00 | 수정 2021.04.27 12:00

차별화된 폐쇄형 오픈마켓 종합 쇼핑몰 우리샵이 27일 공표된 '2021 대한민국소비자만족대상'에서 고객만족브랜드(온라인쇼핑몰) 부문 대상을 수상했다.

(주)우리샵(대표이사 전호근)은 누구나 무료로 회원가입만 하면 자신만의 쇼핑몰을 분양받는 것은 물론, 다른 사람이 자신의 쇼핑몰을 통해 상품을 구매하면 상품의 마진을 캐시백으로 송금 받는 신개념 소비 플랫폼 쇼핑몰이다.

일천만 개가 넘는 온라인 최저가 상품이 진열된 폐쇄형 오픈마켓이므로 일반 마트보다 저렴한 가격에 상품 구입이 가능할 뿐만 아니라, 꾸준히 열리는 다양한 기획전을 통해 더욱 스마트한 쇼핑이 가능하다. 특히 판매가와 공급가 사이의 마진을 최대 90%까지 소비자에게 지급하는 획기적인 전략을 펼쳐 매년 가파르게 성장하고 있다.

출처 : 한경 비즈니스

05

우리샵, 지속 가능한 비즈니스

우리샵은 모두에게 절대 성공을 제공합니다.

내가 만들어놓은 내 산하의 모든 플랫폼은 영속적으로 내게 소득을 가져다 줍니다. 판매 조직이 아니므로 관리의 문제에서 자유롭습니다.

옥션이나 지마켓을 이용하는 것처럼, 마진의 90%를 현금으로 돌려주는 우리샵의 당근송을 부르면서 이용하게 됩니다.

따로 배송할 일도 없습니다. 서버 관리를 할 일도 없습니다. 밤낮 들어오는 소비자 클레임 응대도 내가 할 일이 아닙니다. 나는 그냥 소비만 합니다. 다른 소비자도 그냥 소비만 합니다.

우리샵의 제품은 현재 3,400만 개가 넘었고 계속해서 퀄리티 제품이 늘어나고 있습니다.

'마진의 90%를 소비자에게 돌려준다'는 철학이 바뀌지 않는 한, 이 비즈니스는 지속 가능하며 무한 확장을 이루어갈 것입니다.

우리샵을 시작한 이들이 완전한 자유인을 꿈꾸는 이유가 여기에 있습니다.

마진의 90%를 소비자에게 돌려주는 절대쇼핑몰이 있고, '무한 단계! 무한 누적! 무한 소득! 무한 상속!'의 절대 마케팅이 있어서 우리샵에서의 성공은 무너지지 않는 절대 성공이 됩니다. 그래도 자신이 없나요?

운전에 자신이 없고 무서워하던 왕초보자도 자동차학원에 등록하고 배우고 면허를 따고 도로연수를 받으면 누구나 다 멋진 드라이버가 됩니다.

우리샵도 이와 같습니다. 자신이 없다는 것은 단지 모르는 분야여서 그럴 뿐입니다.

우리샵에는 성공 시스템이 있습니다. 성공을 꿈꾼다면, 진정으로 성공하고 싶다면 시스템에 참여해서 차근차근 배워나가면 됩니다. 그렇게 배워나갈 때 우리샵에서의 성공 확률은 어떻게 될까요?

단연코 100%라고 말할 수 있습니다. 우리샵은 시스템대로 포기하지 않으면 누구나 100% 성공할 수 있는 비즈니스입니다.

어느 정도 돈이 되는 세상의 일들, 좋은 회사, 좋은 직장, 자영업 등은 서로 하려고 하는 레드오션 영역입니다.

반면 우리샵은 아직 아무도 하려고 하지 않는 완전한 블루오션입니다. 문제는 "나"입니다. 나만 포기하지 않으면 됩니다. 나의 성공을 가로막는 것은 오직 나의 멈춤뿐입니다.

우리샵은 가문의 영광이 될 것이고, 대한민국의 복이 될 것이며, 인류의 자랑이 될 것입니다.

내가 일궈놓은 나의 우리샵은 자자손손 상속이 됩니다. 내가 일으켜 놓은 만큼 내 가문의 영광이 됩니다.

우리샵의 종주국은 대한민국입니다. 그 나라 기업은 그 나라의 국력입니다. 애플, 마이크로소프트, 구글, IBM, 암웨이, 뉴스킨, 허벌라이프는 모두 미국의 기업입니다. 그러니 어찌 미국의 힘이 막강하지 않을 수 있을까요.

온라인 마켓 쿠팡은 어느 나라 기업일까요?

우리샵은 대한민국 기업입니다. 우리가 글로벌로 도약하여 1등 기업이 될 때 우리샵은 대한민국의 국부를 끌어올리는 대한민국의 힘, 대한민국의 복이 될 것입니다.

상거래의 주인을 소비자로 바꿔놓은 우리샵은 인류의 유산이 되고 자랑이 될 것입니다.

> **"기적이 기적을 만든다!"**

세상은 믿은 자들이 만들어온 역사입니다. 믿음이 있으면 열정이 있고 이 열정이 결과를 만들어내는 것입니다.

모두가 인정하는 기적은 먼저 내 마음에서 일어납니다. 내 안에서 일어난 기적, 믿음, 열정이 전이되어 모두가 인정하는 그 기적을 만들어내게 될 것입니다.

이 책을 읽는 한 분 한 분의 사업자님이 그 기적의 주인공이 되기를 두 손 모아 기원합니다.

06

우리샵 OVOV 시스템

우리샵은 ONE VISION ONE VOICE 시스템입니다.

하나의 비전, 하나의 목소리, 한 목적, 한 방향, 한 흐름으로 달려나갑니다.

우리샵의 시스템은 빅텐트와 스몰텐트로 나눕니다.

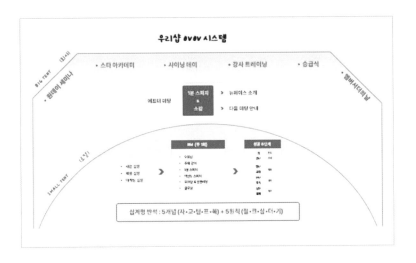

회사가 주관하는 교육 시스템을 빅텐트라고 합니다.

원데이 세미나, 스타 아카데미, 샤이닝 데이, 강사 트레이닝, 승급식, 엠버서더의 날이 여기에 해당합니다.

원데이 세미나는 매주 토요일 2시에서 6시까지 본사 및 웨비나로 전국에서 진행됩니다. 창업자인 대표이사가 직접 주관하는 세미나로, 우리샵을 모르는 신규 초대자를 모시기에 가장 최적화된 시간입니다.

우리샵의 비전과 전략 및 성공자들의 생생한 경험담까지 들어보면서 우리샵을 알아보고 결정하는 데 큰 도움을 줍니다.

스타 아카데미는 한 달에 한 번 본사 및 웨비나로 진행합니다. 스타라는 사업자가 되면 알아야 할 KASHKnowledge, Attitude, Skill, Habit에 대해서 회사에서 주관하는 교육 시스템입니다.

샤이닝 데이는 한 달에 한 번 1스타 이상의 직급 유지자들과 함께하는 시간입니다. 1스타 이상 실적이 유지되는 스타를 샤이닝 스타라 부릅니다. 샤이닝 스타들의 수고를 치하하고 축하하고 격려하고 노하우를 나누는 작은 축제의 시간입니다.

강사 트레이닝은 20명 단위로 진행되는 전문 강사 훈련입니다. 실전에서 강의할 수 있도록 돕는 프로그램으로 한 달에 한 번 진행이 됩니다.

승급식은 3개월에 한 번씩 진행합니다. 마음껏 축하하고, 마음껏 기뻐하고, 마음껏 누리는 승급자들을 위한 날입니다.

우리샵 엠버서더의 날은 1년에 한 번 있는 최대의 축제입니다. 우리샵 엠버서더라는 명예를 달성하신 분들만 참여할 수 있습니다. 앞으로 전 세계 엠버서더를 한 자리에 모셔놓고 축제를 할 그날을 꿈꿔 봅니다. 이렇게 빅텐트는 회사의 주관으로 진행되는 프로그램입니다.

스몰텐트는 로컬센터**에서 진행되는 시스템이며 완벽한 시스템의 핵심**이라고 할 수 있습니다.
우리샵은 센터를 로컬로 부릅니다. 일반 네트워크 회사들은 센터라고 부르는 사업자들의 미팅, 세미나 공간을 ○○로컬로 부르는 것입니다.

로컬 시스템에서 승부가 갈린다고 해도 무방할 것입니다. **로컬에서는 사업설명, 제품설명, 마케팅설명이 돌아갑니다.** 빅텐트에서 할 수 없는, 상대적으로 소수의 인원이 모여 깊이 있는 설명이 진행될 수 있습니다.

이렇게 사업설명을 듣고 또는 제품에 반해서 사업을 시작하는 신규 사업자들은 로컬미팅으로 초대됩니다.

로컬미팅은 **매주 1회 정해진 시간에 2~3시간 정도 진행**됩니다. **로컬미팅의 핵심은 1분 스피치 & 액션5입니다.**
시스템의 요체로써 64년간 베일에 가려져 있었다고 하는 그것이 바로 1분 스피치 & 액션5입니다.

시스템이 무엇인가요?
네! 1분 스피치와 액션5입니다.
이렇게 명쾌하게 답할 수 있을 정도입니다.
그럼 1분 스피치는 무엇이며 어떻게 하는 것인가요?

1분 스피치는 로컬 팀원들이 동그랗게 둘러앉아 전직, 현직, 우리샵을 하게 된 계기, 우리샵을 통해 생긴 꿈을 1분이라는 시간 안에 스토리텔링하는 스피치입니다.

1분 안에 한 사람의 인생을 들려주는 것입니다. 쉬운 듯하나 고도의 스킬이 필요합니다. 나의 인생을 1분 안에 들려주라니. 그래서 스토리텔링을 위해 스토리보드 작성해봐야 합니다.

신규 사업자가 이런저런 사람들의 1분 스피치를 들으며 '아~ 선생님도 하네, 아~ 변호사도 해? 동남아(동네 남아도는 아줌마)도 하네, 전업주부였네, 아~ 치킨집을 했구나, 네트워크를 처음 하는 분이 저렇게 잘해? 간호사였어? 와, 벌써 3스타야? 저렇게 말을 더듬더듬하는 사람도 하는데 나도 할 수 있겠다, 내가 해도 되겠다, 내가 하면 더 잘하겠다' 하는 등의 다양한 감정을 일으키게 됩니다.

또 우리샵을 시작한 다양한 계기와 꿈을 듣다 보면 어느 한 대목에서 동질감을 느끼게 되고 결단의 실마리가 되는 것입니다.

우리샵을 하는 이유는 많겠지만, 우리샵 비즈니스에는 다음과 같은 특징이 있습니다.

1. 무자본, 무점포 사업입니다.

소비자라면 누구나 시작할 수 있는 진입장벽이 전무한 비즈니스이며, 동시에 아무도 하려고 하지 않는 블루오션의 비즈니스입니다.

2. 성공의 크기를 내가 정할 수 있는 비즈니스입니다.

직장은 연봉의 한계가 정해져 있고 자영업은 자본의 크기에 따른 수익의 한계가 정해져 있지만 우리샵은 내 성공의 크기, 수입의 크기를 내가 정할 수 있는 무한대 가능성의 비즈니스입니다.

3. 시간의 주인이 될 수 있는 비즈니스입니다.

출퇴근 시간이 정해져 있는 직장생활에서 시간의 주인은 직장이 될 수밖에 없습니다. 연차, 반차, 휴가도 승인 하에 정해진 시간만큼만 쓸 수 있습니다. 내 시간을 내가 마음대로 사용할 수 없는 일입니다.

우리샵에는 내가 원하는 시간에 일하고, 원하는 만큼 일할 수 있는 자유가 있습니다.

나의 하루를 내가 설계하고 한 달, 1년, 나아가 나의 인생을 내가 만들어 가는 비즈니스입니다.

4. 내 수고의 결과가 영원히 남는 비즈니스입니다.

직장생활이나 자영업은 몇 년을 했던, 그만두는 순간이 끝이지만, 우리샵은 내가 해놓은 일들이 사라지지 않고 계속해서 나에게 수익을 올려주는 비즈니스입니다.

1년을 일한 만큼, 10년을 해놓은 만큼 내가 일궈놓은 일들이 사라지지 않는 비즈니스입니다.

5. 성공하면 성공할수록 할 일이 없어지는 비즈니스입니다.

직장생활이나 자영업은 내가 성공하면 할수록 더 바빠져서 내 시간이 점점 더 줄어드는 반면, 우리샵은 성공할수록 할 일이 줄어들어서 결국 아무것도 하지 않아도 성공의 크기는 계속해서 커집니다.

경제적으로도 자유로워지고 시간적으로도 완전한 자유를 누리게 되는 비즈니스입니다.

6. 엄청난 부의 비밀인 복리의 마법이 있는 비즈니스입니다.

시간과 돈을 맞바꾸는 일들은 복리가 아닌 단리 이자와 같은 일입니다.

정해진 시간 동안 일하고 약속된 급여를 받는 일이기 때문에 기하급수적 부의 성장이 불가능합니다. 우리샵은 시간의 복제가 복리로 일어나는 일로써 2, 4, 8, 16, 32, 64, 128, 256, 512, 1024, 2048. 4096…와 같이 기하급수적으로 부를 만들어 낼 수 있는 일입니다. 평범한 이들의 특별한 성공, 꿈같은 성공이 여기에서 나옵니다.

7. 우리샵은 온 가족이 함께할 수 있는 비즈니스입니다.

우리샵은 온라인 쇼핑몰로써 부모와 자녀가 함께 힘을 합쳐 일궈낼 수 있는 가족 비즈니스입니다.

온라인에 더 최적화된 자녀들과 오프라인에 최적화(?)되어 있는 부모 세대가 함께 소통하며 온 가족이 하나 될 수 있는 비즈니스입니다.

8. 전인격적인 성장을 통해 자아실현의 장이 되는 비즈니스입니다.

우리샵의 성공은 리더가 되어 가는 과정입니다.

교육사업의 개념을 따라 시스템 비즈니스를 진행하면서 그 안에서 성공자로, 리더로 성장해갑니다.

단순히 돈만 버는 성공이 아니라 파트너, 동료들의 인정과 축하, 팔로우십, 리더십, 존중과 존경이 따르는 아름다운 성공을 통해 자아실현의 단계로까지 나아가게 되는 비즈니스입니다.

9. 가문을 일으키는 비즈니스입니다.

나의 성공이 내 대에서 끝나지 않고 자자손손 상속되는 불멸의 비즈니스입니다.

이런 여러 가지 이유 중에 각 사람에게 꽂히는 대목이 다 다릅니다. 그러나 근본적인 이유는 돈과 시간으로부터의 자유가 아닐까요.

> "잠자는 시간에도 돈이 들어오는 방법을 찾지 못하면
> 당신은 죽을 때까지 일해야 할 것이다."
>
> _워런 버핏

사람들 대부분은 돈을 벌기 위해 일을 합니다. 돈 버는 일을 멈추면 큰일이 나죠.

당장의 생활비, 세금, 융자금, 자녀 학비, 병원비 등 수입이 멈추면 생활이 끝나기 때문에 돈 버는 일을 멈출 수 없고 그렇게 안정적인 직장, 안정적인 직업을 찾아다니는 것입니다.

돈을 벌기 위해 일을 하다 보면 결국 자기의 시간과 돈을 바

꿔가며 살아가게 되고 돈의 노예가 되는 인생을 살다 갑니다. 돈과 시간의 노예가 된 삶을 죽을 때까지 살다 가는 것입니다.

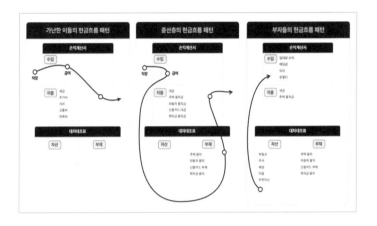

우리샵은 돈 버는 일을 그만두기 위해 하는 일입니다.

로버트 기요사키의 《부자 아빠, 가난한 아빠》에 나오는 현금 흐름 사분면을 보면 무슨 일을 해야 하는지가 분명해집니다.

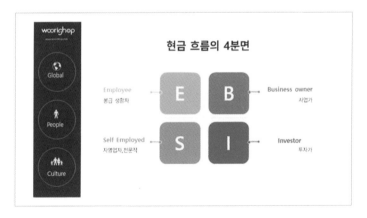

자산에서 돈이 들어오게 하지 않으면 끝도 없는 노동의 대가를 치러야 합니다. 우리샵은 사업자의 영역으로 바로 이 시스템이라는 자산을 만드는 비즈니스입니다.

시스템은 수도의 파이프라인과 같습니다. 저수지에서 물을 퍼다 나르면 당장에는 쉽고 빠른 것 같으나 나이가 들어 힘에 부치거나, 사고를 당하거나 건강에 문제가 생기면 심각한 상황에 빠지게 됩니다.

그러나 파이프라인을 구축해 놓으면 24시간, 내가 잠자고 있는 시간에도 물이 콸콸 쏟아집니다. 이 파이프라인이 바로 우리샵의 시스템 자산입니다.

우리샵에는 하드웨어 시스템인 쇼핑 플랫폼이 있고 소프트웨어 시스템인 교육 시스템이 있습니다. 교육 시스템의 요체가 지금 설명하고 있는 1분 스피치와 액션5입니다. 이런저런 사연들의 인생 스토리 1분 스피치를 들으면서 자연스럽게 우리샵의 비전, 우리샵 비즈니스의 강점을 깨닫게 되고, '아~ 나도 돈의 노예로 살아가고 있었구나, 아 나도 꿈이 있었지, 다시 나도 꿈꾸고 싶다, 나도 내 삶의 주인이 되고 싶다, 정말 주도적이고 성공적이고 자유로운 삶을 살고 싶다' 는 생각이 자연스럽게 생겨납니다.

스피치를 하는 당사자는 어떨까요?

1분 스피치의 생명은 진정성입니다. 진정성 있는 1분 스피치를 반복하다 보면 내 자아가 각성이 됩니다.

우리의 뇌에는 신피질[주1]과 번연계[주2]가 있습니다. 신피질은 사고, 언어를 담당하며 합리적 사고, 분석적 사고를 하는 현실 영역입니다. 육체, 감정을 관장하는 번연계는 신뢰, 충성, 열정, 신념 등과 연관된 잠재의식의 영역입니다.

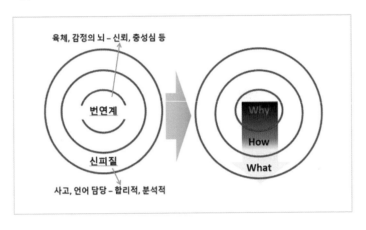

주1) 신피질(Neocortex)은 인간 뇌의 대뇌피질(Cerebral cortex)의 일부로, 더 높은 인지 기능이 유래한 것으로 여섯 개의 세포층으로 구성된다.
주2) 동기(motivation), 감정(emotion), 학습(learning), 기억(memory) 등을 담당하고 있다. 시상하부를 통하여 내분비계(endocrine system)와 자율신경계(autonomic nervous system)를 조절한다.

무엇이 우리 인생을 끌고 갈까요?

바로 이 잠재의식에 내재된 나가 참된 나이며 나의 인생을 만들어갑니다.

신피질은 다이어트를 속삭이지만, 번연계는 끊임없이 먹으라고 속삭입니다. 그러니까, 어떻게 하면 건강하거나 날씬한지 현실영역이 다 알고 있지만, 잠재의식의 먹고 싶은 욕구가 나를 그 반대로 인도하는 것입니다.

눈에 보이는 빙산이 진짜일까요? 그 아래에 감춰진 것이 진짜 빙산일까요? 둘 다 빙산이기는 하나 빙산을 이끌어가는 것은 수면의 아랫부분입니다.

우리의 인생도 이와 같습니다.

07

'내 안의 거인' 깨우기

내 안의 거인을 어떻게 깨우느냐에 따라 인생이 달라집니다. 잠재의식 안에 창조력이 있고, 현재의 의식이 잠재의식에 새긴 건 무엇이든 삶으로 드러납니다.

그러므로 당신은 당신이 하는 모든 것의 창조자입니다. 문제는 잠재의식을 어떻게 각인시키고 전능한 거인을 깨어나게 만드는가입니다.

내가 깨어 있는 동안에 보고 들은 모든 정보는 자는 동안에 잠재의식에 저장되는데, 필요 없는 것은 삭제하고 필요한 것 위주로 저장합니다.

그럼 어떤 것을 저장할까요?

첫째, 어떤 충격적인 사건을 저장합니다.

충격적인 사건을 목격하거나 경험하면 지워지지 않는 장기

기억으로 저장되며 내 자아의 일부가 됩니다. 끔찍한 교통사고를 목격하면 잊히지 않는 것이 그런 원리입니다.

둘째, 반복되는 어떤 것들을 저장합니다.

계속해서 반복하게 되면 '우리 주인이 정말 중요하게 생각하나보다' 하고 잠재의식의 장기기억으로 저장시킵니다. 영어 단어를 한 번 외우면 금방 잊어버리지만 계속해서 반복하다 보면 내 안의 단어로 영원히 기억됩니다.

여기에서 1분 스피치라는 위대한 시스템의 실마리를 엿볼 수 있습니다.

1분 스피치를 위해서는 1분이라는 시간 안에 나의 전직, 현직, 계기, 꿈을 진정성 있게 녹여내야 합니다.

스토리를 써보고 고쳐보고 연습하고 계속 반복해서 소리 내어 진정성 있는 꿈 스피치를 하다 보면, 이 꿈이 진정한 나의 꿈이 되고 나의 꿈이 반복해서 내 잠재의식에 전달되면서 내 거인이 깨어나게 되는 것입니다.

잠재의식과 현재의 의식이 등가를 이루는 순간부터 놀라운 일이 일어납니다. 그 전능한 거인이 일어나서 나를 그 꿈의 자리, 성공의 자리로 저절로 인도해가는 것입니다.

말로 반복해서 나의 잠재의식을 각인시켜 가는 작업이 바로 1분 스피치입니다. 나의 스피치가 내 잠재의식을 가장 먼저 깨워서 일하게 하고 듣는 이들의 변연계에까지 진동을 일으켜 팀 전체가 깨어나게 만드는 일입니다.

왜 1분일까요?

2분, 3분, 5분 등 수많은 시행착오 끝에 내린 최고의 시간이 1분입니다. 지루할 틈이 없습니다. 1분을 하게 해도 보통 1분이 약간 넘게 됩니다. 3분 스피치를 하게 되면 4분, 5분이 되어 배가 산으로 갑니다. 횡설수설, 왕년에, 사건에, 그리고 일장연설까지….

스피치가 늘어지면 기대가 짜증으로, 짜증이 분노로 바뀌게 됩니다.

성공자들이 닦아놓은 신이 만든 시스템의 시간이 1분이니 군이 마차 바퀴를 새로 만들 일이 있을까요. 1분 스피치와 액션5는 5개념, 5원칙이라는 네트워크 비즈니스의 십계명의 반석 위에서 진행되어야 합니다.

말은 인간의 가장 중요한 의사소통 수단입니다. 말을 통해 우리는 자기 생각과 감정을 표현하고, 다른 사람과 관계를 맺고, 세상을 이해합니다. 따라서 말은 우리의 삶에 매우 큰 영향을 미치게 됩니다. 말은 긍정적인 효과를 가져올 수도 있고, 부정적인 효과를 가져올 수도 있습니다.

긍정적인 효과로는 다음과 같은 것이 있습니다.

첫째, 관계를 형성하고 유지하는 데 도움이 됩니다. 우리는 말을 통해 서로의 생각과 감정을 공유하고, 이해하며, 친밀감을 형성합니다.

둘째, 동기를 부여하고, 행동을 변화시키는 데 도움이 됩니다. 긍정적인 말은 사람의 자신감을 높이고, 목표를 달성하도록 동기를 부여합니다.

셋째, 창의성을 발휘하고, 새로운 아이디어를 떠올리는 데 도움이 됩니다. 말은 사고를 자극하고, 새로운 생각을 하도록 도와줍니다.

부정적인 효과로는 다음과 같은 것이 있습니다.

첫째, 상처를 주거나 갈등을 일으킬 수 있습니다. 부정적인 말은 사람에게 상처를 주거나 관계를 손상할 수 있습니다.

둘째, 비판적이거나, 공격적인 태도를 만들 수 있습니다. 부정적인 말은 사람의 자존감을 떨어뜨리고, 공격적인 태도를 만들 수 있습니다.

셋째, 부정적인 사고방식을 강화할 수 있습니다. 부정적인 말은 사람의 부정적인 사고방식을 강화하고, 성공을 방해할 수 있습니다.

따라서 우리는 말을 할 때 신중해야 합니다. 긍정적인 말을 통해 세상을 더 나은 곳으로 만드는 데 기여할 수 있도록 노력해야 합니다.

말의 위력을 잘 이해하고, 올바르게 사용하는 것이 중요합니다. 긍정적인 말을 통해 우리는 자신의 삶과 세상을 더 나은 방향으로 변화시킬 수 있습니다.

08

네트워크 비즈니스의 십계명

5개념과 5원칙의 반석 위에서 진행되지 않는 시스템은 모래 위에 짓는 꿈의 집이 되어 바람 불고 비가 내리고 홍수가 나면 흔적도 없이 쓸려가 버립니다.

먼저 5개념부터 살펴보겠습니다.

• 네트워크 비즈니스의 5개념

네트워크 비즈니스 첫 번째 개념은 자영 사업입니다.

자영 사업은 내가 주인인 개념입니다. 이 사업은 스폰서의 사업도 아니고 파트너의 사업도 아닌 나의 비즈니스입니다. 그래서 우리샵 사업자를 WBOWoorishop Business Owner라고 합니다.

우리샵을 창업 할 때 회사와 각자 직접 계약을 하는 것이지

스폰서와 계약을 하는 것이 아닙니다. 각 사업자가 회사와 계약을 한 비즈니스 오너입니다. 회사와 계약한 대로 소비자 네트워크를 구축하고 그 결과에 따라 소득이 결정됩니다.

내가 어떤 마인드로 어떻게 사업하느냐에 따라 결과가 달라지는 것이지, 스폰서나 파트너가 어떠해서 내가 성공하거나 성공하지 못하는 비즈니스가 아닙니다. 우리샵은 철저하게 내가 오너인 비즈니스임을 인식하는 것이 이 사업의 출발점이자 시스템의 시작점입니다.

내가 오너인 만큼

- **오너십이 있어야 합니다.**
- **자발적이어야 합니다.**
- **주도적이어야 합니다.**
- **적극적이어야 합니다.**

스폰서가 오라고 해서 오고, 하라고 해서 하는 수동적이고 소극적인 비즈니스 마인드로는 절대 성공할 수가 없습니다.

꺾이지 않는 마음으로, 누가 시켜서 하는 일이 아니라 철저하게 내 사업임을 자각하고 오너십으로 임할 때 이 사업의 진정한 재미와 결과를 맛보게 될 것입니다.

오너십은 자신이 맡은 일을 자신의 것처럼 책임감 있게 처리하는 태도를 말합니다. 오너십을 가지는 것은 개인의 성장과 발전을 위해 필수적인 요소이며, 조직의 성공에도 중요한 역할을 합니다.

> **"훌륭한 성과를 위해서는 오너십이 필요하다."**
>
> _ 잭 웰치(전 GE 회장)

> **"오너십은 내가 하는 모든 일에 책임지는 것이다."**
>
> _ 빌 게이츠(마이크로소프트 창업자)

> **"오너십은 일을 잘하는 것이 아니라,**
> **일을 잘하는 이유를 아는 것이다."**
>
> _ 리처드 브랜슨(버진그룹 창업자)

> **"오너십은 자신의 실패를 인정하고,**
> **이를 통해 배우는 것이다."**
>
> _ 스티브 잡스(애플 창업자)

> **"오너십은 자신의 성공을 축하하고,**
>
> **이를 다른 사람들과 나누는 것이다."**
>
> _ 마하트마 간디(인도의 사상가, 독립운동가)

이러한 명언들은 오너십의 중요성을 강조하고 있습니다. 오너십을 가지기 위해서는 자기 일에 책임을 지고, 이를 통해 배우고 발전하려는 노력이 필요합니다. 또한, 자신의 성공을 축하하고 이를 다른 사람들과 나누는 것도 중요합니다.

다음은 오너십을 구축하기 위한 몇 가지 방법입니다.

첫째, 자기 일에 책임을 지십시오. 자기 일에 책임을 지겠다는 의지를 갖고, 이를 실천하기 위해 노력하십시오.

둘째, 실패를 두려워하지 마십시오. 실패는 성공의 과정입니다. 실패를 통해 배우고 성장하십시오.

셋째, 자신의 성공을 축하하십시오. 자신의 성공을 축하하고, 이를 다른 사람들과 나누십시오.

이렇게 오너십을 배우면 개인과 조직 모두에 큰 도움이 될 것입니다. 오너십을 가지고 자기 일에 최선을 다해 보십시오.

네트워크 비즈니스의 두 번째 개념은 교육 사업 개념입니다. 네트워크 비즈니스는 판매사업이 아니라 교육 사업임을 이해해야 합니다. **첫째도 교육, 둘째도 교육입니다.**

교육 사업이라고 하는데 무엇을 교육하는 걸까요?
네트워크 비즈니스의 십계명인 5개념과 5원칙을 교육하는 것입니다. **자영 사업, 교육 사업, 팀워크 사업, 프로모션 사업, 복제 사업을 교육하고, 절대긍정의 원칙, 크로스라인 금지의 원칙, 삼불의 원칙, 더치페이의 원칙, 기브 & 테이크의 원칙을 실천**하는 것입니다.

또 1분 스피치 & 액션5를 교육하는 것이고, 성공의 8단계를 교육하는 것이며, 회사, 제품, 마케팅, 비전을 교육하는 것입니다. 그리고 조직의 체계와 질서를 교육하는 것입니다.

이런 교육은 어디서 진행될까요?
미팅 현장에서 진행됩니다. 다른 어떤 곳도 아닌 미팅 현장에서 이런 다양한 교육이 진행되기 때문에 액션5의 3번째는 100% 미팅 참석 액션입니다.

미팅에 참석하지 않고서는 이런 교육을 받을 수가 없습니다. 그래서 네트워크 비즈니스의 성공자들이 하나같이 목숨을 걸고 미팅을 사수하라고 강조합니다.

미팅을 놓치면 꿈을 놓치는 것과 같은 것입니다.

교육의 내용이 위와 같다면 교육의 형태는 어떠해야 할까요?

한 사람이 일방적으로 교육하는 주입식 교육은 성인 교육에 맞지 않을뿐더러 효과도 없습니다.

들을 때는 깨달음도 있고 감동도 있을 수 있겠으나 교육을 받을 때 반짝할 뿐 다시 제자리로 돌아오게 됩니다.

행동을 유발하지 않는 모든 교육은 죽은 교육에 불과합니다. 성인 교육은 행동이 유발되는 교육이어야 하는데 어떻게 그 행동을 유발할 수 있을까요?

바로 구성원 모두가 함께 참여할 수 있는 토론식 진행이어야 합니다. 그 참여형 토론식 진행이 바로 1분 스피치와 액션 5입니다.

대표와 리더가 강의하고 구성원들은 앉아 듣고 있는 교육이 아니라 7~8명의 팀원이 동그랗게 둘러앉아 1분 스피치 & 액션5를 5개념 5원칙 안에서 참여하고 토론하다 보면 교육하고 자 하는 내용이 저절로 교육되고 복제되어 가는 것입니다.

다양한 경험과 연령과 성별과 성격과 성품의 사람들이 1분 스피치 & 액션5라는 시스템에 참여하면서 비즈니스 오너로 자연스럽게 성장해가는 것입니다. 이것이 시스템의 위력입니다.

한 사람이 다른 한 사람을 복제한다는 것은 사실상 불가능합니다. 복제가 안 되면 네트워크 비즈니스의 비전은 뜬구름 잡는 망상에 불과한 것이죠.

이렇게 다양한 사람들이 하나의 시스템 안에서 참여하고 토론하다 보면 꿈에 그리던 복제의 마법이 자연스럽게 일어나게 됩니다.

그래서 누가 "시스템이 무엇인가요?"라고 묻는다면, "네! 1분 스피치 & 액션5입니다"라고 자신 있게 얘기할 수 있어야 합니다.

유능한 한 사람의 교육이 아니라 다양한 사람들의 인생과 체험과 사업 노하우, 경험, 마인드를 듣고 스피치하면서 함께 리더로 성장해가는 아름다운 시스템입니다.

네트워크 비즈니스의 세 번째 개념은 팀워크입니다. 네트워크 비즈니스는 혼자서 하는 자영사업의 개념이 시작점이나 그 자영 사업자들WBO이 함께 팀을 이뤄서 만들어 가는 사업입니다.

하나만 알고 전부를 보지 못하면 '이 사업은 내 사업인데 왜 이래라저래라 하느냐' 하는 소리를 듣게 됩니다.

맞습니다. 이 사업은 자영 사업이기 때문에 스폰서가 파트너에게 이래라저래라 명령할 수 없습니다.

급여를 주는 것도 아니고 스폰서 파트너가 계약을 맺은 것도 아니므로 이래라저래라 할 수 있는 권한이 없고, 파트너 또한 누군가로부터 명령을 받을 이유가 없습니다.

다만 스폰서는 먼저 이 사업을 접하고 시스템을 경험한 덕분에 어떻게 하면 파트너가 가장 정확하게, 시행착오 없이 성공의 스텝을 밟아나갈 수 있는지 알고 있으므로 그 길을 안내해주는 것입니다.

스폰서는 성공의 길을 안내해주는 사람입니다.

파트너인 내가 스폰서가 되었을 때도 마찬가지로 내가 경험한 시행착오와 노하우를 아낌없이 파트너에게 전수하게 될 것입니다.

현명한 파트너라면 시스템대로 사업하고 있는 스폰서의 조언과 안내를 천금처럼 귀하게 여기고 시행착오나 시간 낭비 없이 훌륭한 팔로우십을 발휘할 것입니다.

팔로우십은 리더십의 한 형태로, 리더를 따르고 그를 통해 자신의 잠재력을 발휘하는 것을 말합니다. 팔로우십은 리더십 못지않게 중요한 요소이며, 조직의 성공을 위해 필수적입니다.

> "훌륭한 리더를 만들기 위해서는
> 훌륭한 팔로워를 먼저 만들어야 한다."
>
> _ 존 맥스웰(리더십 전문가)

> "팔로워십은 리더십의 역량을 발휘할 기회를 제공한다."
>
> _ 리처드 리스(리더십 전문가)

> "팔로워십은 리더와 함께 성장하고 발전하는 과정이다."
>
> _ 마하트마 간디

> "팔로워십은 리더의 비전을 공유하고,
> 이를 실현하기 위해 노력하는 것이다."
>
> _ 마틴 루서 킹 주니어(인권운동가)

> "팔로워십은 리더의 부족한 부분을 채워주고,
> 리더를 더욱 훌륭하게 만드는 것이다."
>
> _ 알프레트 아들러(심리학자)

이러한 명언들은 팔로우십의 중요성을 강조하고 있습니다. 팔로우십을 위해서는 리더를 신뢰하고, 그를 통해 자신의 잠재력을 발휘하려는 노력이 필요합니다. 또한, 리더의 비전을 공유하고, 이를 실현하기 위해 노력하는 것도 중요합니다.

다음은 팔로우십을 기르기 위한 몇 가지 방법입니다.

먼저, 리더를 신뢰하십시오. 리더의 능력과 역량을 믿고, 그를 따르십시오.

다음으로는, **리더의 비전을 공유하십시오.** 리더의 목표와 방향을 이해하고, 이를 위해 노력하십시오.

끝으로는, **리더의 부족한 부분을 채워주십시오.** 리더의 단점을 보완하고, 그를 더욱 훌륭하게 만들어주십시오.

팔로우십을 기르면 리더와 함께 성장하고 발전할 수 있을 것입니다. 팔로우십을 통해 리더와 함께 성공을 거두어 보십시오.

> "팔로워는 리더의 명령을 따르는 사람이 아니라, 리더의 비전을 공유하고, 이를 실현하기 위해 노력하는 사람이다."
>
> _ 리처드 브랜슨

> "팔로워는 리더의 그림자를 따라가는 사람이 아니라, 리더의 빛을 비추는 사람이다."
>
> _ 마틴 루서 킹 주니어

> "팔로워는 리더의 발목을 잡는 사람이 아니라, 리더의 날개를 펼치는 사람이다."
>
> _ 알프레트 아들러

이러한 스폰서와 파트너가 리더와 팔로워가 팀을 이뤄서 일을 해나가는 것이 네트워크 비즈니스 팀워크 사업입니다.

팀워크 사업은 어디서 이루어질까요?

네, 미팅의 현장에서 이뤄집니다.

미팅의 현장에서 어떻게 팀워크를 할까요?
네, 1분 스피치 & 액션5가 팀워크입니다.

그렇습니다.

"팀워크가 무엇입니까?" 라고 묻는다면, "네~ 1분 스피치 & 액션5입니다" 라고 답하면 됩니다.

팀워크는 어떻게 하는 것인가요? 라고 묻는다면, **"로컬미팅에서 1분 스피치 & 액션5에 적극적 · 주도적 · 자발적으로 참여하는 것**입니다" 라고 답하면 됩니다.

내가 초대한 파트너를 내가 복제시키는 것이 아니라_{할 수 도 없습니다} 팀이 함께 복제시켜 나가는 것을 팀워크 사업이라고 합니다.

팀이 함께하는 1분 스피치 & 액션5에 내 파트너가 참여하여 이런저런 사연들, 스토리를 들으면서 사업에 대한 확신, 자신감, 노하우를 자연스럽게 취득해가게 됩니다.

5개념 5원칙의 자세, 스피치, 행동, 또 주제 강의, 워크숍 등을 통해 주입식 교육이 아닌 '본알시칭_{본보이고 알려주고 시켜보고 칭찬한다}'의 교육으로 본인도 모르게 그렇게 닮아갑니다.

팀워크 사업의 개념이 투철한 WBO는 100% 미팅 참석의 액선3를 준수하게 됩니다.

'나 하나쯤이야' 하는 안일함이 아니라 '내가 빠지면 우리 팀이 어떻게 될까' 하는 적극성을 생각합니다. 내 고객이 있을 때는 참석하고 없을 때는 빠지는 얌체 팀원이 되지 않게 됩니다.

내가 고객이 왔을 때 다른 팀원들이 함께하지 않는다면 어떻게 될까요? 역지사지를 해보면 팀워크 사업이 왜 100% 미팅 참석의 액션3으로 이어지는지 금방 이해하시겠지요?

네트워크 비즈니스의 네 번째 개념은 프로모션 사업입니다.

네트워크 사업은 상품을 판매하는 사업이 아니라 회사, 제품, 플랜, 비전을 전달하는 사업입니다.

더군다나 우리샵은 판매플랫폼이 아닌 소비플랫폼으로, 어떤 상품을 판매하는 것이 아니라 우리샵을 이용하면 소비자로서 어떠한 것들이 좋은지를 전달만 하면 되는 사업입니다.

설득이 아니라 자랑입니다.

회사 자랑, 쇼핑몰 자랑, 쇼핑몰 상품 자랑, 마진 자랑, 보상플랜 자랑, 스폰서 자랑, 시스템 자랑, 로컬 자랑, 우리엠에스 엠골드360 자랑, 하루미네랄365일 자랑, 명품효소ㆍ명품화이

버 자랑, 3,400만 가지 상품 자랑, 캐시백 90% 자랑, 7일 만에 떵동 자랑, 매일매일 떵동 자랑, 김치 하나, 라면 하나로도 가능한 무한비전 자랑, 자랑 자랑 자랑 마구마구 자랑….

입만 가지고 하는 우리샵 비즈니스에서 입으로 전달하는 사업입니다. 총검술이 아닌 입술 9단의 프로 자랑러가 되면 성공하는 사업입니다. 액션5의 4, 5번이 바로 프로모션에 해당하는 액션입니다.

네트워크 비즈니스의 다섯 번째 개념은 복제사업입니다.

무엇을 복제하는 것일까요?

네, 바로 5개념 5원칙을 복제하는 것입니다. 나이, 인종, 종교, 경험, 성별, 성격, 성품, 학력, 지위 등 너무나 다양한 사람들에게 이 5개념과 5원칙을 복제하여 우리샵의 비즈니스 오너로 성장시키는 것을 복제라고 합니다.

그러면 어떻게 5개념과 5원칙을 복제시킬 수 있나요?

네, 1분 스피치 & 액션5로 복제시킬 수 있습니다. 이렇게 간단합니다.

시스템은 복제를 위하여!
복제는 1분 스피치 & 액션5로!

이렇게 이해하고 설명할 수 있다면 시스템 비즈니스를 이해한 것입니다.

내가 파트너 2명을 WBO로 복제하고 그 파트너가 각각 2명씩 WBO를 복제해나가는 것은 어려운 일이 아닙니다.

복제 시스템 없이 좌충우돌 매출하며 돌아다니다 보니 세월만 지나갈 뿐 조직이 형성되지 않는 것이지요.

사람을 달아나가는 사업이 아닙니다. 두 사람 달아놓으면 저절로 되는 사업이 아닙니다. 달아주는 사업도 아니고 매출 뽑는 사업도 아닙니다.

네트워크 비즈니스의 5개념 5원칙을 준수하면서 시스템1분 스피치 & 액션5에 적극적·주도적·자발적으로 참여하면서 이렇게 마인드가 서 있는 WBO를 양성해가는 비즈니스입니다.

내가 2명의 파트너를 WBO로 안내하면 그 각각의 WBO는 각자가 오너이기 때문에 본인들이 적극적·주도적·자발적으로 본인들의 비즈니스를 전개해나가게 됩니다.

그들도 보고 배운 것이 시스템인지라 시스템의 원칙을 준수하면서 WBO를 양성해가게 됩니다.

그렇게 2, 4, 8, 16, 32…의 승수 법칙이 일어나는 것입니다.

적이 예상하지 못하는 공간을, 적이 예상하지 못하는 시간에, 적이 예상하지 못하는 속도로 상대를 치면 어떤 견고한 성벽도 무너뜨릴 수 있다고 했습니다.

칭기즈칸은 이 병법으로 거대한 제국을 건설했습니다. 속도는 기마 전술로, 양식은 말린 고기로, 거침없이 들판을 달리며 성벽을 뛰어넘었습니다.

우리샵은 어떤 전략과 전술을 사용해야 할까요?

우리샵의 기마 전술은 무엇이며 말린 고기는 무엇일까요?

기마 전술은 PS의 팀 보너스이고, 말린 고기는 미네랄과 엠에스엠입니다.

하루미네랄365일(66,000원)

우리엠에스엠골드(79,000원)

단돈 145,000원의 절대제품이 가볍게 달릴 수 있는 우리의 말린 고기입니다. 누구에게나 꼭 필요한 절대제품으로 2, 4,

8, 16, 32, 64, 128, 256, 512, 1024, 2048, 4096… 이렇게 12단계를 달려나가면 월 2,000만 원의 팀 보너스가 발생합니다.

처음에는 4,875원, 9,750원, 19,500원… '에게~ 이게 무슨 사업이야' 라고 생각할지 모르지만, 워런버핏을 세계 최고 부자로 만든 그 복리의 마법, 승수 법칙이 기적을 만들어냅니다.

가벼워야 합니다. 부담이 없어야 합니다. 내가 가볍고 부담 없어야 추천하기 쉽고 소개하기 쉽고 복제하기 쉽습니다.

145,000원.

있어도 살고 없어도 사는 정말 가벼운 돈으로 1년 만에 연 2~3억의 소득이 가능한 빅 비즈니스입니다.

누구나 할 수 있고, 부업으로 할 수 있고, 거침없이 소개할 수 있습니다.

65세가 1,000만 명이 넘어서는 초고령화 사회입니다.

우리엠에스엠골드360, 하루미네랄365일은 정말 집집이 꼭 필요한 절대제품임이 틀림이 없습니다.

기본에 충실하자!

100% 제품 애용.

그리고 가볍게 빠르게 들판을 달리며 성벽을 뛰어넘어 기적의 주인공으로!!!

스타는 가지 말라고 애원해도 결국 가게 돼 있습니다. 앉지도 못하는 아기에게 뛰라고 종용하면 엎어져 코가 깨지고 머리 깨지고 불구 됩니다. 커서 장군이 될 수도 있는 아이가 병신으로 끝나고 만다는….

어느 구두쇠 양반집에 머슴이 일하러 왔는데, 머슴은 양반에게 한 가지 제안을 합니다.

하루 품삯을 쌀로 주되 첫날은 한 톨, 둘째 날은 두 톨, 셋째 날은 네 톨, 이렇게 하루 지날 때마다 두 배로 해서 한 달만 달라는 것입니다.

구두쇠 양반은 종일 일을 시키고도 쌀 몇 톨만 주면 되니 '이런 바보가 어디 있나' 싶고, '이게 웬 떡인가' 싶었습니다.

그러나 한 달이 지난 후 양반이 머슴에게 주어야 할 쌀은 250가마니가 되었다고 합니다.

아인슈타인은 이런 복리의 마법에 대해 '인간이 만들어낸 가장 위대한 발명' 이라고까지 했다고 합니다.

하지만 복리의 마법에 중요한 한 가지 변수가 있는데, 바로 시간입니다. 복리의 마법이 제대로 된 효과가 있으려면 시간을 투자해야 합니다. 그리고 꾸준히 해야 합니다.

이것이 바로 대가 지불에 대한 결단입니다. 지금 위대한 결단으로 위대한 미래를 만들어보는 건 어떨까요?

• **네트워크 비즈니스의 5원칙**

먼저, 절대긍정의 대원칙입니다.

'분홍색 코끼리를 생각하지 말라'고 하면 분홍색 코끼리만 생각납니다. 긍정을 위한 부정도 결국 부정입니다.

맑은 물에 검정 잉크 한 방울이면 이미 맑은 물이 아닙니다. 맑은 물에 똥물 한 방울이면 그것은 이미 똥물입니다. 사과 궤짝에 썩은 사과 하나만 있어도 결국 전체가 썩게 됩니다. 부정은 그냥 부정입니다.

WBO는 절대긍정이어야 합니다. 세상은 절대부정입니다. 누구도 우리샵에 대해서 긍정 100% 마음으로 알아보러 오지 않습니다. 부정이 1%만 섞여도 부정인데 부정 99%로 와서 앉아 있다면 부정이 100%인 것이죠.

그 부정을 깨는 힘은 긍정 100%를 넘어 15,000%의 긍정의 에너지가 필요합니다.

자영사업 비즈니스 오너가 본인이 하는 사업에 대해 부정적인 생각과 말이 섞여서야 어찌 사업을 성공적으로 이끌 수 있을까요?

팀워크 사업의 장인 미팅 현장에서 부정적인 스피치는 똥물과 같습니다. 다 지어놓은 밥에 뿌려지는 똥물 스피치, 그것이 부정입니다.

그 똥물 튄 스피치를 누가 감동으로 받아먹을 수 있을까요?

WBO들의 팀워크 사업의 현장인 1분 스피치 & 액션5에서 절대긍정의 원칙은 아무리 강조해도 지나침이 없습니다.

1분 스피치는 무조건 절대긍정이어야 합니다.

'이래서 어렵고, 저래서 힘들고, 사실은 힘들고, 사실은 비싸고, 스폰서가 어떻고, 파트너가 어떻고….'

지극히 주관적인 감정으로 사적 의견을 부정적으로 섞어서 스피치 하는 것이 똥물입니다.

새로운 예비사업자는 99%의 긍정에 반응하다가 1%의 똥물에 기겁하게 되는 것입니다.

절대긍정의 원칙을 위반하는 행동, 표정, 말은 얼마나 팀에 해악을 끼치게 되는지 소름이 끼칠 정도로 끔찍한 일임을 명심하셔야 합니다.

팀에 해악을 끼치기 전에 가장 먼저 본인의 잠재의식이 극심한 피해를 입습니다. 절대긍정의 반복되는 생각과 스피치가 나의 잠자는 전능한 거인을 움직이게 만들 수 있는데, 그 반복되는 생각과 스피치가 긍정 100%가 아니라면 그 인생이 어찌 될지는 불을 보듯 뻔한 일입니다. 안 봐도 비디오라는 것이지요.

나를 성공을 이끌고 팀원들을 성공을 이끄는 5원칙의 **첫 번째는 바로 절대긍정의 대원칙입니다!**

두 번째 원칙은 크로스 라인 금지의 원칙입니다.

네트워크 비즈니스는 스폰서 라인과의 사업입니다. 크로스 라인과 사업 상담을 한다는 것은 너무 말이 안 되는 얘기입니다.

내가 결혼하는데 우리 부모님 놔두고 옆집 부모님과 상담하는 것과 별반 다르지 않은 노릇입니다. 거두절미, 당연히 사업은 스폰서하고만 상담하며 진행하는 것이 원칙입니다.

크로스 라인과 만나는 이유는 무엇일까요?

어떤 사업자가 크로스 라인과 만나고 통화하고 할까요?

개념도 없고 원칙도 없는 사업자이며, 그런 사업자가 사업이 잘 될 리는 만무하지요. 그러니 끼리끼리 만나서 스폰서 욕하고 형제 라인 뒷담화나 하는 것입니다. 그러다가 넘어서는 안 될 선인 라인 변경까지 유도하게 되거나 타 사업 유도, 돈거래, 불륜 등으로까지 넘어가게 됩니다.

크로스와의 만남은 담배보다 나쁜 백해무익한 일이기에 원칙으로 정해놓은 것입니다.

정상적인 자녀라면 부모와 소통하며 단란하고 건강한 가족 관계 안에서 자라가는 것입니다.

세 번째 원칙은 삼불의 원칙입니다.

우리샵은 특정 종교, 정치를 위한 사업이 아닙니다. 소비자라면 누구나 두 손 들고 환영하는 비즈니스입니다.

특정 정치인, 종교인은 소비자가 아니던가요?

우리는 사업을 하는 사람들입니다. 내 그룹에는 다양한 정치인, 종교인이 있습니다. 로컬미팅시스템에서 종교나 정치, 사적인 얘기들이 나오기 시작하면 그 시스템은 그냥 망가졌다고 보면 됩니다. 사적인 얘기에는 금전 거래, 남녀 연애, 개인 취향, 의견 등이 포함됩니다.

금전 거래의 끝은 대개 고소, 고발로 이어집니다. 금전 거래를 한 사이가 끝까지 좋은 스폰서 파트너십으로 이어지는 경우는 거의 없습니다. 조직을 깨고 싶으면 금전 거래를 하시고, 특정 종교, 정치를 열심히 선전하시면 됩니다. 이 남자 저 여자를 눈여겨보며 사업보다는 연애에 관심을 두시면 됩니다.

잠자는 동안에도 돈이 들어오는 시스템 자산을 만들기 위해 우리샵을 시작했다는 사실을 기억하시면 됩니다.

난 누구?
여긴 어디?

우리샵의 성공은 내 모든 문제의 99.99999%를 해결하는 최고의 길입니다. 스폰서를 예우하면서, 시스템 원칙을 준수하면서, 내가 성공하는 그날까지, 파이팅!

네 번째 원칙은 더치페이의 원칙입니다.

이 원칙은 자영 사업의 개념과 맞물려 있습니다. 내 사업의 비용을 내가 부담하는 것은 사실 지극히 상식적인 일입니다. 유독 네트워크 비즈니스에서는 교육이 필요한 원칙이라는 게 아이러니한 일이죠.

개념이 없어서 그렇습니다. 내 사업이 아니라 스폰서의 사업 같은, 내가 일을 하면 스폰서가 돈을 버니까 같은 생각에서 으레 '스폰서가 사야지', '스폰서니까 이렇게 저렇게 해줘야지' 같은 거지근성, 노예근성이 생겨나는 것입니다. '이 사업은 내가 오너인 내 사업이다' 라는 WBO의 마인드가 확고히 서게 되면 더치페이의 원칙은 저절로 준수되는 것입니다.

이 원칙을 어기게 되면 가장 중요한 오너십의 마인드가 무너지기 때문에 정말 정말 중요한 원칙입니다.

사업 비용도 내가, 직급 달성도 내가, 당연히 내가 하는 것입니다. 스폰서가 특정한 날을 기념하여 한턱 쏜다든가 하는 것은 아름다운 일이지만, '으레 스폰서가 내줘야 한다' 는 생각은 거지근성입니다. 거지근성으로 거지밖에 더 되겠어요?

내 매출은 내가 하는 것이 정상인데 스폰서가 매출을 해준다면 시작부터 거지근성으로 시작하는 것입니다.

그렇다고 해서 신규고객에게 제품 하나, 책자 하나까지 더치페이의 원칙을 준수한다면서 비용을 내게 한다면 그것도 푼수 짓이겠지요.

어디까지나 사업인 만큼 전략적으로 고객에게 투자할 때는 투자하고, 선물할 때는 선물하는 것이지요.

더치페이의 원칙은 사업을 시작한 팀원들이 지켜야 할 원칙입니다.

다섯 번째 원칙은 기브앤테이크Give&Take 원칙입니다.

기브앤테이크는 먼저 주고, 그리고 받는 원칙입니다. 무엇을 주고받는다는 것일까요?

우리 일은 입만 가지고 하는 사업입니다. 정말 그렇습니다. 입만 가지고 하는 사업인데 그러면 무엇을 주고받는 것일까요?

네~ 먼저 1분 스피치를 주고, 그다음에 받는 것입니다. 먼저 액션5 스피치를 주고, 그 다음에 받는 것입니다.

7~8명이 동그랗게 둘러앉아서 하는 미팅이고 팀워크 사업인데, 누구도 먼저 스피치를 하지 않으면 그 미팅 분위기는 어떻게 되며, 신규는 또 어떤 생각을 하게 될까요?

기브앤테이크 원칙에는 자영 사업 개념인 적극적 · 주도적 · 자발적 마인드가 들어가 있습니다. 팀워크 사업의 개념인 서로서로 함께 만들어 가는 마인드가 들어가 있습니다. 프로모션 사업의 개념인 자랑하는 스피치가 녹아져 들어가 있습니다. 복제 사업의 개념을 따라 본알시칭본보이고 알려주고 시켜보고 칭찬한다, 저절로 따라 하게 돼 있습니다.

절대긍정의 원칙을 준수해야 기브앤테이크가 됩니다. 떨리고 긴장되고 서투르지만 절대긍정의 원칙을 준수해야 하니까 먼저 주게 됩니다.

기브앤테이크의 원칙을 준수하며 이루어지는 1분 스피치 &
액션5에는 웃음이 넘칩니다. 긍정의 기운이 넘칩니다. 오너십
의 에너지가 충만합니다. 서로서로 돕고자 하는 팀워크 사업
의 시너지가 충만합니다. 그러다 보니 하하 호호 웃음이 넘치
며 재미가 있습니다.

그런 로컬에 그런 미팅에 참석하는 신규 사업자는 저절로
성장하며 저절로 복제되며 저절로 성공하게 돼 있습니다.

테이커taker가 되지 마시고 먼저 기버giver가 되십시오.

기버란 다른 사람을 돕고, 그들의 삶에 가치를 더하기 위해
노력하는 사람을 말합니다. 기버는 대가를 바라지 않고, 진심
으로 다른 사람을 돕는 것을 즐깁니다.

기버는 다음과 같은 특징을 가지고 있습니다.

자신의 이익보다 타인의 이익을 먼저 생각합니다. 이타적이
지요. 기버는 다른 사람을 돕기 위해 자신의 시간, 노력, 재능
을 기꺼이 제공합니다.

긍정적입니다. 기버는 다른 사람을 돕는 행위를 통해 긍정
적인 에너지를 얻습니다.

기버는 사회에 긍정적인 영향을 미치는 중요한 존재입니다.

기버는 다른 사람의 삶을 풍요롭게 만들고, 사회를 더 나은 곳으로 만드는 데 기여합니다.

기버의 장점은 다음과 같습니다.

행복과 만족을 느낍니다. 기버는 다른 사람을 돕는 행위를 통해 행복과 만족을 느낍니다.

더 나은 관계를 형성합니다. 기버는 다른 사람에게 도움을 주면서 더 나은 관계를 형성할 수 있습니다.

성공 가능성이 높아집니다. 기버는 다른 사람의 도움을 받으면서 성공 가능성이 높아집니다.

기버가 되기 위해서는 다음과 같은 노력이 필요합니다.

타인을 먼저 생각해야 합니다. 다른 사람을 먼저 생각하고, 그들의 필요를 파악하려고 노력해야죠.

이타적 태도를 지녀야 합니다. 다른 사람을 돕기 위해 자신의 시간, 노력, 재능을 기꺼이 제공해야죠.

긍정적인 에너지를 지녀야 합니다. 다른 사람을 돕는 행위를 통해 긍정적인 에너지를 얻으려고 노력해야죠.

기버가 된다면 더 행복하고, 더 성공적인 삶을 살 수 있을 것입니다.

> "주어라. 그리하면 너희에게 줄 것이니 곧 후히 되어
> 누르고 흔들어 넘치도록 하여 너희에게 안겨주리라.
> 너희의 헤아리는 그 헤아림으로 너희도 헤아림을
> 도로 받을 것이니라."
>
> _ 누가복음 6:38

우리샵의 OVOV 시스템에서 빅텐트는 회사가 주관하는 시스템이니 100% 미팅 참석의 결단으로 참석만 하면 됩니다.

스몰텐트는 로컬에서 진행하는 시스템으로 사업 설명, 제품 설명, 마케팅 설명, 로컬미팅이 이에 해당하며 역시 100% 미팅 참석의 결단으로 참석만 하면 됩니다.

돈을 투자하라는 것이 아닙니다. 고시에 합격하라는 것도 아닙니다. **우리샵에서 성공하기 위해 지불해야 하는 대가는 시간입니다. 빅텐트, 스몰텐트에서 진행되는 시스템 참여에 들어가는 시간을 지불하는 것입니다.**

돈의 크기는 모두가 다르지만, 시간의 크기는 모두가 공평하게 소유하고 있습니다. 누구에게나 공평하게 공정하게 주어진 이 시간을 성공을 위한 대가로 지불해달라는 것입니다

그냥 두면 덧없이 흘러가는 시간입니다. 아무렇게나 쓰면

순식간에 낭비되어 흔적도 없이 사라지는 시간입니다.

시간은 인생에서 가장 중요한 자원입니다. 시간은 한 번 지나가면 되돌릴 수 없으므로, 시간을 어떻게 활용하느냐에 따라 인생의 질이 달라질 수 있습니다.

시간은 유한합니다. 누구나 하루에 24시간, 1년 365일의 시간만 주어집니다. 그러므로 시간을 잘 활용하는 것이 중요합니다.

시간은 소중합니다. 시간은 돈으로 살 수 없는 소중한 자원입니다. 시간을 낭비한다면, 그만큼의 기회를 잃게 됩니다.

시간은 기회입니다. 시간은 새로운 것을 배우고, 경험하고, 성장할 기회입니다. 시간을 잘 활용하면, 더 나은 삶을 살 수 있습니다.

시간의 중요성을 이해하고, 시간을 효율적으로 활용하기 위해서는 다음과 같은 노력이 필요합니다.

목표를 세우고, 계획을 세워야 합니다. 그러면 시간을 더 효율적으로 활용할 수 있습니다.

중요한 일에 집중해야 합니다. 중요한 일에 집중하고, 중요하지 않은 일은 제외하는 것입니다.

시간을 관리해야 합니다. 시간을 효율적으로 활용하기 위해서는 시간 관리를 하는 것이 중요합니다.

휴식을 취해야 합니다. 너무 일에만 몰두하다 보면, 오히려 시간 관리에 실패할 수 있습니다. 충분한 휴식을 취하면, 더 집중력 있게 일할 수 있습니다. 시간을 잘 활용한다면, 더 행복하고, 더 성공적인 삶을 살 수 있을 것입니다.

귀하고 귀한 금쪽같은 시간을 우리샵의 시스템에 투자하는 결단으로 성공적 미래를 만들어보세요.

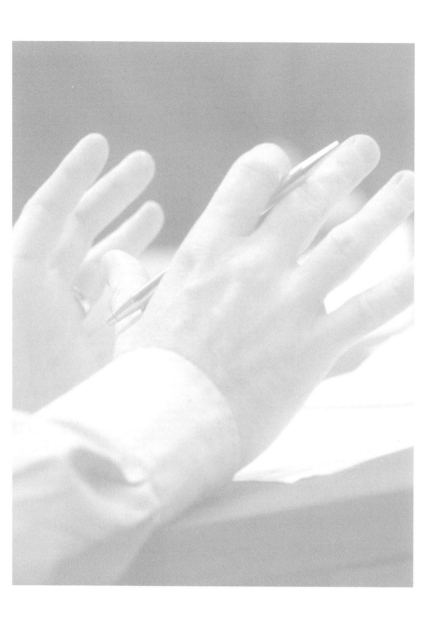

PART 2

복제의 원본, '나' 만들기

네트워크 비즈니스에서의 성공은 '진정성'에 달려 있다고 해도 과언이 아닙니다. 내 꿈이 명확하고, 성공을 이룰 수 있는 시스템을 습득해서 '철수'와 '영희'를 나와 같이 성공시켜야만 한다는 진정성이 그들에게 진정으로 읽혀야 성공합니다. 철수와 영희가 바보가 아닙니다. 그들은 나의 진정성에 귀를 열기 시작하고 '나'가 그들을 성공시킬 수 있을 것 같다는 느낌이 들 때 동참하게 됩니다.

01

우리샵 & '나'

당신의 성공을 도와주는 강력한 시스템 구조는 이렇게 진행합니다.

• 성공의 8단계 진행 개요

① 꿈 · 목표 설정
 - 성공적인 삶
 - 균형 잡힌 삶
 - 완전한 자유인

② 결단
 - 주도적인 삶을 살겠다는 결단
 - 대가 지불에 대한 결단

③ 명단 작성

- 사업자가 아닌 소비자 명단을 작성하라

- 꿈과 결단이 없으면 명단이 나오지 않는다

④ 초대

- 시스템으로의 초대

⑤ 만남 사업 설명

- 자신감을 가져라

- 우리샵은 브랜드 익스체인지가 아닌 스페이스
  익스체인지다.

- 만남, STP Segmentation Targeting Positioning 의 목적도
  결국 시스템으로의 초대다.

⑥ 후속 조치

- Follow up : 48시간 내 피드백

- Follow through : 후속 관리

⑦ 상담

 - Depth to depth : 파트너의, 파트너의 파트너 인맥 파기

⑧ 복제

 - 본 · 알 · 시 · 칭 : 본보이고 알려주고 시켜보고 칭찬한다.

02

꿈 (1단계)

꿈은 간절해야 합니다.

꿈은 실현 가능해야 합니다.

꿈은 구체적이어야 합니다.

간절하지 않으면 그만둬도 그만입니다. 간절하지 않으면 내 안의 거인인 잠재의식이 일하지 않습니다.

영어를 잘하고 싶으나 간절하지 않으면 평생 영어를 잘할 수 없습니다.

날씬해지고 싶지만, 간절하지 않으면 평생 날씬한 거랑은 거리가 먼 인생을 살며, '다이어트는 내일부터 하는 거야' 하며 미루는 말을 입에 달고 살게 됩니다. 간절하지 않으면 몸짱은 꿈에서나 가능한 일이 됩니다.

간절하지 않으면 '끊어야지 끊어야지' 하면서 영원히 담배를 피우게 됩니다.

그러나 그 꿈이 간절하다면 얼마든지 영어를 원어민처럼 하게 되고, 얼마든지 날씬해지고 몸짱이 되며, 비흡연자의 삶을 살 수 있습니다.

정말 간절히 간절해지면 내 안의 거인이 비로소 전능한 힘을 발휘해서 그 꿈을 성취하게 되는 것입니다.

현실 인식에서 간절해짐과 내 안의 잠재의식의 간절함이 등가를 이루는 날, 기뻐하십시오. 그 꿈은 성취된 것입니다.

"Passionate dreams come true."
"A fervent dream comes true."
"A heartfelt wish comes true."

목표는 기한을 정해야 합니다. 기한 없는 목표는 목표가 아닙니다. '되든지 말든지 그만두면 그만이지' 하는 것은 기한을 정해놓지 않은 목표입니다.

90분이란 정해진 시간 없이 그냥 하는 축구와 같습니다. 의미도 재미도 없는, 하다가 지치고 그만두는 게임이 되어 버립니다.

내 간절한 꿈의 성취는 기한을 정해놓은 목표입니다. '언제 누구와 어떤 여행을 어디로 갈 것이며 비용은 어느 정도 소요된다, 언제까지 어느 직급을 달성하겠다, 몇 년 몇 월 며칠에 엄마에게 25평 집을 너무 크면 청소하기 힘들까 봐 선물하겠다, 내 꿈의 차인 람보르기니를 또는 포르쉐를 몇 년 몇 월 며칠에 구매하겠다' 는 등의 간절하고, 구체적이고, 기한이 정해져 있는 것이 꿈이자 목표입니다.

먼저 성공자가 되십시오. 그러면 성공의 행동을 하게 되고, 성공하면 원하는 것을 얻게 됩니다.

BE

DO

HAVE

간절히 꿈꾸면, 그 꿈이 진짜 꿈이면, DO, HAVE는 저절로 되는 것입니다.

03

결단(2단계)

결단 없는 성공은 없습니다. 꿈이 간절하면 결단은 저절로 따라옵니다.

저는 애연가 중의 애연가였습니다. 눈 뜨면 담배부터 찾았고 잠들기 직전에 담배 한 개비를 피워야 잠이 들 정도로 애연가였습니다.

건강도 건강이었지만, 신앙상 담배를 끊어야겠다 마음먹고 금연을 시도했습니다.

50번쯤 실패했습니다. 사흘도 성공하고, 일주일도 성공하고, 한 달까지도 성공해봤으나 결국 다시 담배를 피우고 말았습니다.

어떤 날은 담배를 끊겠노라고 결심하며 담배를 살짝 구겨서 버리기도 했습니다. 다시 피우게 될 걸 예감하고 담배가 부러지면 안 되니까요.

심지어 십자가 앞에서 금연을 결심하고도 그날 저녁에 바로 담배를 피운 적도 있습니다. 이런 실패가 반복되면서 어느 날 문득 자괴감이 들었습니다.

'너는 어떻게 담배 하나 못 끊고 이렇게 우유부단하게 살고 있냐?'

그런 한심한 생각에 진짜 담배를 끊어야겠다는 결단을 하게 됩니다.

오직 금연을 목표로 2006년 2월 1일부터 20일 금식에 들어갔습니다. 12시 정오에 물 한 잔만 마시는 금식으로 20일을 보냈습니다. 그 2월 한겨울에 온몸이 달아올라 공원에서 반바지에 반팔 차림으로 누워 있기도 하고, 사우나에 가서 냉탕에 온몸을 담그고 몸을 식혀가며 입만 열면 한 모금의 물을 마실 수 있는데 그 한 방울의 물도 허용하지 않으며 20일을 보냈습니다.

20일이 끝나는 날 마신 첫 배즙 음료를 잊을 수가 없습니다. 목을 타고 식도를 지나 위를 지나 스며드는 그 음료의 길을 지금도 기억합니다.

그러고는 담배는 내 인생에서 사라졌습니다. 기억도 나지 않고, 피우고 싶지도 않고, 냄새가 너무 싫고… 그냥 자연히 비 흡연자가 되어버린 거죠.

아, 이것이 결단이구나.

50번의 금연 실패는 실패가 아니라 애초부터 담배를 끊고 싶지 않았던 것이었구나. 내 안에서는 담배를 원하고 현실의식은 담배를 끊으라 하고⋯. 결국, 내 안의 잠재의식이 매번 승리하는 현실의식의 실패를 경험했던 것입니다.

그러던 어느 날 진정한 금연에 대한 온전한 결단!

'금연이 아니면 죽음을!'

이 정도의 결단을 하고 나니 그렇게 안 되던, 아니 안 된다고 착각하던 금연이 한 번에 성공한 것이었습니다. 현실의식과 잠재의식이 등가를 이루었을 때의 기적이었습니다. 성공도 이와 같습니다.

성공하고 싶죠?

부자 되고 싶죠?

자유인이 되고 싶죠?

그러나 되고 싶은 것과 되고야 말겠다는 결단과는 분명한 차이가 있습니다.

성공이 아니면 죽음을!

정도의 결단이 서고 현실의식과 내 잠재의식이 등가를 이루게 되면 성공은 저절로 따라오게 돼 있습니다.

진정한 결단은 성공의 반석입니다.

> "결단은 모든 일의 시작이다."
>
> _ 플라톤

> "결단은 용기의 딸이다."
>
> _ 에드윈 에버트

> "결단은 행동으로 옮길 수 있는 생각이다."
>
> _ 벤저민 프랭클린

> "결단은 성공의 핵심이다."
>
> _ 헨리 포드

> "결단은 우리를 변화시킬 힘을 가지고 있다."
>
> _ 윌리엄 제임스

결단은 목표 달성, 자기 계발, 삶의 질 향상 등 다양한 측면에서 우리에게 중요한 역할을 합니다. 결단을 내리고 행동에 옮기기는 쉽지 않은 일이지만, 결단의 힘을 통해 우리는 원하는 것을 얻고, 더 나은 삶을 살 수 있습니다.

> "결단은 어려운 일이 아니다. 결단을 내리기는 쉽다.
> 어려운 것은 그 결단을 실행하는 것이다."
>
> _ 엘리자베스 드레이크

> "결단은 행동을 향한 첫 번째 발걸음이다. 결단을 내리면
> 행동하게 되고, 행동하면 목표를 달성하게 된다."
>
> _ 헬렌 켈러

> "결단은 우리에게 새로운 가능성을 열어준다.
> 결단을 통해 우리는 새로운 도전을 받아들이고,
> 새로운 세계를 경험할 수 있다."
>
> _ 넬슨 만델라

결단은 우리의 삶을 변화시킬 강력한 힘을 가지고 있습니다. 결단을 내리고 행동에 옮기기는 쉽지 않지만, 그만큼 우리에게 큰 보상을 가져다줍니다.

성공을 위해, 완전한 자유인을 위해 어떤 대가를 지불할지를 결단하는 것이 2단계입니다.

100% 제품 애용에 대한 결단
100% 쇼핑몰 애용에 대한 결단
100% 미팅 참석에 대한 결단
하루 15분 이상 책 읽기에 대한 결단
월 15회 이상 STP에 대한 결단
1분 스피치 & 액션5의 9단이 되겠다는 결단
또는 금연, 금주에 대한 결단

성공을 위해 어떤 대를 지불할지를 확고히 정하는 것이 결단입니다. 우리샵에서의 성공은 지금 내가 가지고 있는 고민, 걱정의 99.9999%가 해결되는 길입니다. 삶의 우선순위에 무엇을 둘지 **지금 결단하십시오!**

04

명단 작성(3단계)

3단계는 우리샵을 전달할 명단을 작성하는 일입니다.

우리샵은 제품을 판매하는 비즈니스가 아니라 소비자에게 마진의 90%를 돌려주는 쇼핑몰 플랫폼비즈니스이기 때문에 사실 모든 대상이 명단입니다.

먼저 사업자 명단이 아니라 소비자 명단을 작성합니다.

아무 조건 없이 3,400만 가지 상품의 쇼핑몰을 무료로 창업하여 현금으로 마진을 돌려받는 우리샵인데, 이 명단 저 명단 가릴 일이 없습니다.

소비자라면 그 모든 이가 나의 명단이 됩니다.

명단은 휴대폰에 저장된 것이 아닙니다. 말 그대로 명단을 작성해야 합니다. 차별 없이 무차별 명단을 작성하고 그 소비자 한 명 한 명에게 우리샵을 알려주시면 됩니다.

대한민국의 모든 소비자에게 1번이야 2번이야 물으면 한 결같이 답은 당근 2지!!! 할 수 있는 곳이 우리샵입니다.

우리샵을 알고 나면 고정관념이 깨어지고 자신감이 생기게 됩니다. 한 사람 한 사람의 소비자에게 충만한 자신감으로 우리샵이라는 복된 소식을 알려나가시면 됩니다.

• 김치 한 포기의 위력

우리샵은 농사와 같습니다.

척박한 땅에서 돌을 골라내고 고랑을 내고 잡초를 뽑고 귀경하여 옥토로 만듭니다. 그리고 그렇게 개간한 땅에 씨를 뿌리고 물을 주고 벌레도 잡아주고 김도 매주고 하면서 아침, 저녁으로 논밭을 돌보는 것이 농사이며 농부가 하는 일입니다.

봄에 씨를 뿌리고 바로 열매를 구하는 무지한 농부가 없듯이 우리샵도 이렇게 씨를 뿌리고 정성으로 키워나가는 과정이 있어야 풍성한 결실을 볼 수 있습니다.

그럼 밭은 어디며 씨는 무엇일까요?

네, 밭은 명단입니다. 내가 아는 모든 소비자가 명단이며 대상이며 내가 농사를 지을 밭입니다.

우리샵 사업을 같이하고 싶은 대상이 아니라 우리샵으로 소비 공간을 바꾸어서 마진의 90%를 받아가야 할 대상들을 명단으로 작성하면 됩니다.

그러니 누구는 되고 누구는 안 되고 예외가 있을 수 없지요. 그들 중 누구도 소비자가 아닌 사람이 없으니까요.

자, 씨를 뿌릴 기름진 옥토가 지천에 널렸습니다. 이제 씨를 뿌려볼까요.

밭에 뿌려져서 뿌리를 내리고 싹을 틔우고 자라서 열매를 맺을 그 씨앗이란 게 무엇일까요?

그 씨앗은 바로 "우리샵" 입니다.

마진의 90%를 소비자에 돌려주는 우리샵!

무료로 창업만 해도 마진의 50%를 아무런 조건도 없이 1원 하나까지 캐쉬백 해주는 우리샵!

소비가 소득이 되고 소비가 사업이 되는 우리샵!

이 우리샵이 바로 씨앗입니다.

이 씨앗을 가장 잘 설명해줄 수 있는 아이템을 고릅니다. 해남김치나 콜라겐 라면이 대표적이라 할 수 있습니다.

짜지 않고, 맵지 않고, 전라도 장인의 맛이 배어 있는 김장 포기김치. 100% 국내산 배추와 재료를 사용한 김치. 옥션, 지마켓, 쿠팡보다 싸고 가격이 11,500원밖에 안 돼서 저렴하고 부담 없고, 마진sv이 2,000원이나 되어 1,000~1,400원이 캐쉬백 되고….

이런 씨앗을 10명, 30명, 50명, 100명에게 뿌려 나가면 어떻게 될까요? 이렇게 맛있는 김치를 보내준다고 하면 싫다고 할 사람이 몇 명이나 있을까요?

김치는 받으면 창고에 넣어두는 제품이 아닙니다. 바로 개봉해서 막 지은 밥과 함께 쭉 찢어서 한 입 하겠지요.

그 감칠맛에 반하고, 보내준 정성에 반하고….

이때 쇼핑몰 URL을 보내주면서 그러겠죠.

"이런 제품이 3,400만 개나 있어."

"쇼핑몰 무료가입이고 제품마다 마진이 있는데 50%를 현금으로 돌려줘."

"1원짜리 하나까지 돌려주는 너무너무 좋은 쇼핑몰이야."

이렇게 하나하나 씨를 뿌려가다 보면, 거기서 다양한 싹이 나고 자라 풍성한 열매를 맺게 됩니다. 상대의 반응에 따라 다양한 방법으로 키우고 가꿔나가시면 됩니다.

'어머 너무 좋다! 그런데 혹시 다단계 아냐? 이거 사업할 수는 없냐? 또 추천해줄 제품이 있냐? 주변에 소개해도 되냐?' 등 수많은 반응이 있을 것이고 거기에 맞춤으로 대응하시면 됩니다.

결국, 원데이 세미나 초대로 이어지게 되고, 원데이는 로컬미팅으로 이어지고, 로컬미팅에서 WBO로 성장해가는 것입니다.

세상은 넓고 할 일은 많다고 했습니다.

우리샵!

밭이 주변에 지천으로 널려 있으니, 신바람 나게 경작 한번 해볼까요.

05

초대(4단계)

관심을 가지는 분들부터 원데이 세미나나 로컬의 사업설명
회로 초대하는 단계입니다.

우리샵은 설득이 필요 없는 사업입니다.
어디가 더 싼지 다툼이 없는 사업입니다.

자기소개부터 현실 점검, 대안으로써의 우리샵까지 들어보
면 거의 모든 분이 마음을 열고 회사, 제품, 마케팅, 플랜, 비
전을 들어보게 됩니다.
 우리샵은 소비자라면 반대할 이유가 전혀 없으므로 대박!!!
이라는 표현이 저절로 나오게 됩니다.
 그러니 자신 있게 초대하십시오.
 다만, 전화상으로 모든 사업 설명을 다 하려고 해서는 안 됩

니다. 다 할 수도 없고 정확하게 전달할 수도 없습니다.

소비자라면 누구나 좋아할 우리샵!
마진의 90%를 돌려주는 우리샵!

소비자로서 대박이라고 느낄 수밖에 없는 내용 정도만 얘기하시고, 이 쇼핑몰로 큰 비즈니스를 확장할 수 있다는 선에서 세미나로 초대하시면 됩니다.

거절을 두려워할 필요가 없습니다. 사업에서 거절은 피할 수 없는 일입니다. 아무리 좋은 아이디어나 제품이라도 거절당할 확률은 항상 존재합니다. 거절을 두려워하면 새로운 기회를 얻지 못하고, 원하는 것을 이루지 못할 수도 있습니다.

거절을 성장의 기회로 생각하세요. 거절을 통해 자신의 약점을 발견하고, 이를 보완할 기회를 얻을 수 있습니다.

오히려 거절을 즐겨 보세요. 나의 인격을 거절하는 것이 아니라 단지 이 사업 아이템에 대한 거절일 뿐입니다.

자신의 가치를 믿어보세요. 그러면 거절은 더 이상 두려움의 대상이 아니게 됩니다.

화투패 48장에는 반드시 오광이 있습니다. 어떻게 이 오광을 찾아낼 수 있을까요?

그렇습니다.

오광은 만드는 것이 아니라 찾아내는 것입니다. 한 장 한 장 뒤집어 나가다 보면 반드시 오광은 찾아집니다.

'SOME WILL! SOME WON'T! SO WHAT? NEXT!!!

06

사업 설명(5단계)

전화로 초대가 어려운 상황에 있는 분들은 만나서 설명하면 됩니다. 만나서 하는 설명도 결국 시스템으로의 초대가 최종 목적임을 알아야 합니다.

1 : 1
2 : 1
1 : 다수

이런 다양한 미팅을 통해 사업 설명을 하시면 됩니다. 자신만의 크고 작은 사업설명회를 준비하고 개최해 나가보세요. 실력이 일취월장日就月將하는 경험을 하게 될 것입니다.

사업 설명의 목적도 결국 시스템으로의 초대입니다.

STP로 사업의 내용은 전달할 수 있겠지만, 원데이 세미나에서 또는 로컬미팅에서 느낄 수 있는 열정, 분위기, 감동은 오직 시스템 합류를 통해서만 가능합니다.

4단계든 5단계든 모든 단계가 결국은 시스템으로의 초대가 목적입니다. 사업 설명은 다양하게 할 수 있어야 합니다. 1시간도 할 수 있어야 하고, 5분 만에도 핵심을 짚어 설명할 수 있어야 합니다. 1분, 3분, 5분, 50분… 다양한 사업 설명이 가능하도록 연습해보세요.

고객의 상황을 파악하고 고객의 처지에서 현실 점검과 대안을 제시할 수 있는 전문성까지 있다면 더 멋진 STP가 되겠지요.

여기서도 1분 스피치의 위력이 발휘됩니다. 전직, 현직, 우리샵을 하게 된 계기, 꿈을 스토리텔링 해주고 하는 사업 설명은 상대의 마음을 열게 됩니다.

내가 준비되고 상대의 상황을 파악하고 이해하고 상대를 위해 우리샵을 진정성 있게 전달하면 우리샵을 거절할 사람이 몇이나 될까요?

바쁘다고 소비 안 하나요? 성공했다고 소비 안 하나요? 나이가 많다고? 나이가 적다고? 경험이 없다고? 경험이 많다고?

　다른 다단계를 하고 있다고 김치, 쌀, 마트, 옥션 안 가나요?

　먼저 나를 전문가로 준비시켜 나가세요. 그리고 자신 있게
초대하고 만나고 설명하고 초대하세요.

　우리샵은 무적입니다!!!

07

후속 조치(6단계)

　후속 조치에는 팔로우 업FOLLOW UP과 팔로우 쓰루FOLLOW THROUGH가 있습니다.

　초대하여 사업 설명을 듣고 돌아간 후 24시간 이내에 통화하거나 만나는 것을 팔로우 업이라고 합니다. 이후 지속적으로 통화하거나 만나는 것을 팔로우 쓰루라고 합니다.

　팔로우 업과 팔로우 쓰루의 목적은 무엇일까요?

　진정성 있는 후속 조치는 상대가 신뢰하게 만듭니다. 처음부터 끝까지 진정성이 있어야 합니다.

　하면 하고 안 하면 말고 찔러나 보자는 식의 접근이 아니라 상대를 위한다는 마음을 변함없이 유지하면서 궁금한 사항에 대한 질문에 답해주고, 다음 미팅이나 시스템으로 안내나 초대를 해주고, 쇼핑몰 이용법을 안내해주고, 김치, 쌀, 라면 등을 구매하고 캐시백을 받는 경험을 하게 해주고, 밥도 같이 먹고, 커피도 같이 마시면서 사는 얘기도 나누고, 하하 호호 하면서 계속하여 신뢰를 쌓아나가면 시스템으로 자연스럽게 초대도 되고, 마침내 우리샵의 WBO로 서게 되는 것입니다.

한 아이를 낳아서 먹이고 씻기고 양육하며 사회의 훌륭한 일원으로 장성할 때까지 돌보는 부모의 마음으로 파트너를 이끌어주시면 됩니다.

상담(7단계)

상담은 시스템 안에서 이루어져야 합니다.

시스템 비즈니스를 진행하고 있는 스폰서와 상담해야 하고, 시스템 비즈니스의 범위 안에서 파트너에게 상담해줘야 합니다.

십계명 안에서 사업을 진행하고 있는지?

1분 스피치 & 액션5는 어떻게 진행하고 있는지?

성공 8단계는 어떻게 진행하고 있는지?

조직도를 어떻게 형성하고 있는지?

이런 모든 것이 시스템 안에서 시스템대로 상담이 진행되어야 합니다. 시스템 안에서 하나하나 스폰서와 상담하며 사업을 진행해나가면 겪지 말아야 할 시행착오를 줄일 수 있습니다.

복제(8단계)

네트워크 비즈니스의 5개념의 마지막도 복제 사업의 개념이고, 성공 8단계의 마지막 단계도 복제입니다.

복제가 얼마나 중요한 것인지 아시겠지요?

복제가 안 되면 네트워크 비즈니스의 복리의 마법, 승수의 기적은 일어나지 않습니다.

무엇을 복제하나요? 어떻게 복제하나요?

네, 시스템을 복제하는데, 1분 스피치 & 액션5로 복제합니다. 성공 8단계를 '본알시칭' 으로 복제합니다. 복제는 교육하지 않고 보여주는 것입니다. 파트너는 본 대로 배우고 따라하게 됩니다.

내가 5개념 5원칙을 철저히 인지하고 행동하고 준수하면서 성공의 8단계를 따라 사업을 진행해나가면, 파트너 또한 보고 배운 것이 그것이 전부이기 때문에 그렇게 복제될 수밖에 없습니다.

결국, **복제의 첫 출발은 내가 먼저 WBO가 되는 것**입니다.

PART 3

복제 성공원본 '우리' 만들기

아무리 원리, 원칙, 개념을 잘 이해했더라도 로컬미팅을 통해 원칙과 개념대로 스피치하고 행동해야 합니다. 로컬미팅 프로그램대로 지속적으로 하다 보면 '복제'가 이루어진다는 것을 체감하게 됩니다. 이때부터가 사업 성공의 탄력을 받는 시점입니다. 이 시점부터 그토록 원하던 시스템 소득을 체감하게 됩니다.

로컬미팅, 성공적으로 수행하기

• 로컬미팅 순서

① 인사말

② 주제 강의

③ 1분 스피치(자발적, 주도적, 적극적)

"어디에서 사는/사업하고 있는 OOO입니다."

전직/현직절대 긍정으로, 우리샵을 알게하게 된 계기, 우리샵을 통해 생긴 꿈/목표

④ 액션5 토론

1. 100% 제품 애용	4대 천왕 체험 사례 일주일간 이용한 쇼핑몰 경험 토론/공유(유튜브 영상)
2. 책, 영상	일주일간 읽는 책과 영상 토론/공유
3. 100% 미팅 참석	일주일간 참여해서 감동받은 미팅 토론/공유
4. 제품 전달	SALE은 말 그대로 판매하는 것이고, RETAIL은 DETAIL(상세)한 지식·정보를 RE(반복)해서 전달하는 것
5. 사업설명, 후원	SHOW THE PLAN: 회사/제품/마케팅 플랜/비전 설명

⑤ 워크숍 & 롤 플레이

⑥ 클로징 멘트(맺음말)

로컬미팅이야말로 시스템의 핵심입니다.

빅텐트는 참여만 하면 됩니다. 참여만 하면 회사의 비전, 쇼핑몰의 경쟁력, 우리샵의 매력에 풍덩 빠질 수밖에 없습니다.

그렇게 우리샵의 비전을 보게 된 소비자가 사업자로 WBO로 양성되는 곳은 시스템밖에 없으며, 시스템의 핵심은 바로 로컬미팅이며, 로컬미팅의 진수는 1분 스피치 & 액션5입니다.

로컬미팅을 얼마나 멋있게 프로답게 해내느냐가 사업의 승패를 좌우할 정도입니다.

로컬미팅을 성공적인 시스템으로 안착시키기 위해서는 몇 가지 지켜야 할 내용이 있습니다.

첫째, 로컬미팅은 반드시 정해진 요일과 시간에 진행이 되어야 합니다.

하나의 시스템이 정착되기까지 필요한 것은 일관성입니다. 비 온다고 쉬고, 눈 온다고 안 하고, 사람이 몇 명 없다고 건너뛰다 보면 절대 시스템이 정착될 수가 없습니다.

로컬미팅을 화요일 14시에 하기로 정했다면, 천재지변이 일어나도 진행해야 한다는 각오로 임해야 합니다.

9시 뉴스는 왜 꼭 9시에 진행하나요? 그래야 뉴스를 시청하려고 9시에 채널을 맞추게 되니까요.

화요 로컬미팅을 14시에 정해놓고 꾸준히 할 때 그 시간에 맞춰서 참석도 하고 초대도 하고 하면서 시스템이 만들어져 가는 것입니다.

혼자 있어도 한다.
둘이 있어도 한다.
셋이 있어도 한다.
매일 같은 팀원들이어도 한다.

이렇듯 로컬미팅은 무조건 해야 합니다. 그 일관성이 시스템을 안착시킨다는 것을 명심하셔야 합니다.

두 번째, 로컬미팅은 프로그램대로 진행해야 합니다.

사회자가 있고, 주제 강의를 15분 정도 진행하고, 1분 스피치를 하고, 액션5 스피치를 하고, 그날의 워크숍이나 롤 플레이를 진행한 후 마무리하시면 됩니다.

이 프로그램대로 지속적으로 진행해야 합니다. 주제 강의는 팀원들이 매주 돌아가면서 하면 됩니다.

주제 강의의 주제는 '5개념, 5원칙, 리더십, 체계와 질서, ABC, 꿈, 결단, 명단, WHY WOORISHOP' 등 WBO의 마인드나 사업 전략 등에 도움이 되는 다양한 것들을 삼으면 됩니다.

팀원들이 주제 강의를 위해 책을 읽고 생각을 하고 원고를 준비하고 강의를 해보면서 리더로 자연스럽게 성장해갈 수밖에 없습니다.

특정한 한 사람의 강의가 아니라 다양한 팀원들의 주제 강의를 들으면 지루하지도 않고 재미도 있어서 다음 주제 강의를 기다리기까지 하게 됩니다.

이어서 1분 스피치는 1분을 준수하면서 진행하면 됩니다. 반드시 자발적 · 적극적인 스피치 시간이어야 합니다.

절대긍정의 분위기로 기브앤테이크의 원칙을 준수하며 하하 호호 재미있는 시간을 만들면 됩니다.

특정인을 지정해서 스피치를 강요하시면 안 되고, '좌로 돌아~ 우로 돌아~ 돌아' 가면서 하는 스피치도 안 됩니다.

사회자는 적절한 멘트로 참여를 유도하고, 조바심내지 않고 기다려주기도 하면서 진행하시면 됩니다.

모든 프로그램은 WBO의 마인드를 고취시켜나가는 심오함이 숨겨져 있다는 걸 기억하시고, 프로그램대로 시스템대로 진행해나가서야 합니다.

1분 스피치 이후에는 액션5 스피치 및 토론이 시작됩니다.

액션5는 정해진 시간은 없습니다. 다만 한 사람이 너무 혼자 스피치를 독차지하면 안 됩니다.

적절히 스피치를 하고 서로 스피치를 하며 주거니 받거니 해나가야 합니다. 정해진 주제 안에서 스피치를 하고 거짓말을 해서는 안 됩니다.

액션5의 첫 번째 100% 제품 애용 시간에 한 주간 사용한 제품체험 사례와 다양한 쇼핑몰 이용 경험을 나누다 보면 저절로 제품 교육도 되고, 제품 전달도 되고, 쇼핑몰 홍보도 됩니다.

신규는 7~8명 팀원의 스피치를 들으면서 우리샵의 경쟁력이나 절대제품을 써보고 싶은 마음이 생겨납니다.

액션5의 두 번째, 세 번째, 네 번째, 다섯 번째를 나누면서 미팅의 중요성을 알게 되고, 독서의 중요성도 인식하게 되고, 책을 읽으면서 리더의 마인드로 변화되어 가고, 제품 전달, 사업 전달의 경험 스피치를 들으면서 다양한 노하우를 배우게 됩니다.

액션5의 단락별로 진행되는 스피치, 토론은 전체가 같이 리더로, WBO로 상향 조정되어가는 시간입니다.

하하 호호 절대긍정의 분위기에서 기브앤테이크를 하다 보면 시간이 언제 가는지 모를 정도로 재미가 있습니다. 지루할 틈이 없습니다. 수동적 참여자에서 능동적 스피커로 바뀌어 있게 됩니다.

교육이라고 하면 언제 끝나나 지루함이 먼저 떠오르는데 로컬미팅의 교육은 교육이 아니라 수다방 같기도 하고 사랑방 같기도 한 재미있는 모임이 됩니다. 다음 로컬미팅이 기다려

진다면 그 로컬의 사업은 성공한 거나 마찬가지입니다. 기하급수적 성장만 남은 것이지요.

액션5 스피치 이후 시간은 워크숍이나 롤 플레이를 진행하면 됩니다.

워크숍은 한 주 한 주 로컬에 필요하다 싶은 내용을 주제로 선정해서 실제 일을 해보는 시간입니다.

1분 스피치, 꿈, 결단, WHY WOORISHOP, 명단 작성 등 실제로 작성해가며 고쳐가며 발표도 하고 하는 시간입니다.

롤 플레이는 초대나 STP를 역할을 나누어 실전처럼 진행하는 시간입니다. 로컬 리더의 판단에 따라 주마다 필요한 주제를 선정해서 진행하면 됩니다.

세 번째는 로컬미팅의 인원입니다. 로컬미팅 시스템의 인원은 7~8명이 적당합니다. 너무 많으면 스피치 시간이 길어지고 너무 적으면 분위기가 덜 나올 수 있습니다.

가장 이상적인 인원은 7~8명이 동그랗게 둘러앉아 미팅하는 것입니다. 원을 삐뚤삐뚤하게 만들거나 이빨 빠진 원을 만들지 마시고 동그랗게 만들어서 사각지대가 없도록 만들어 진행하면 좋습니다.

인원이 10명, 12명으로 늘어나면 5명씩, 6명씩 두 팀으로 나누어 진행하면 됩니다.

그렇게 나의 좌우 시스템이 돌기 시작하면 Congratulations! 축하드립니다. 당신은 시스템 자산을 소유한 완전한 자유인의 길을 걷게 되셨습니다.

빨리 성공할 수 있는 길은 빨리 성공하고자 하는 마음을 버리는 것입니다. 일확천금의 길인 도박이나 로또가 있겠으나 벼락 맞을 확률보다 더 낮은 확률입니다.

빨리 성공하고 싶으신가요?

시스템대로 비즈니스를 진행하시면 됩니다. 처음에는 더디고 늦은 것 같으나 결국 가장 완전하고 빠른 길이 될 것입니다.

네트워크의 판을 바꾼 비즈니스 '우리샵'을 통해 완전한 자유인의 꿈을 성취하시기를 무한 응원합니다!

스폰서를 예우하면서, 시스템 원칙을 준수하면서 내가 성공하는 그날까지 파이팅!

우리샵에서
당신의 **성공**을
함께합니다.

당신이 생각한 마음까지도 담아 내겠습니다!!

책은 특별한 사람만이 쓰고 만들어 내는 것이 아닙니다.
원하는 책은 기획에서 원고 작성, 편집은 물론,
표지 디자인까지 전문가의 손길을 거쳐
완벽하게 만들어 드립니다.
마음 가득 책 한 권 만드는 일이 꿈이었다면
그 꿈에 과감히 도전하십시오!

업무에 필요한 성공적인 비즈니스뿐만 아니라 성공적인 사업을 하기 위한
자기계발, 동기부여, 자서전적인 책까지도 함께 기획하여 만들어 드립니다.
함께 길을 만들어 성공적인 삶을 한 걸음 앞당기십시오!

도서출판 모아북스에서는 책 만드는 일에 대한 고민을 해결해 드립니다!

모아북스에서 책을 만들면 아주 좋은 점이란?

1. 전국 서점과 인터넷 서점을 동시에 직거래하기 때문에 책이 출간되자마자
온라인, 오프라인 상에 책이 동시에 배포되며 수십 년 노하우를 지닌 전문적인 영
업마케팅 담당자에 의해 판매부수가 늘고 책이 판매되는 만큼의 저자에게 인세를
지급해 드립니다.

2. 책을 만드는 전문 출판사로 한 권의 책을 만들어도 부끄럽지 않게 최선을 다
하며 전국 서점에 베스트셀러, 스테디셀러로 꾸준히 자리하는 책이 많은 출판사
로 널리 알려져 있으며, 분야별 전문적인 시스템을 갖추고 있기 때문에 원하는 시
간에 원하는 책을 한 치의 오차 없이 만들어 드립니다.

기업홍보용 도서, 개인회고록, 자서전, 정치에세이, 경제 · 경영 · 인문 · 건강도서

모아북스 문의 0505-627-9784
MOABOOKS

사업과 함께 읽으면 좋은 **유익한 건강 도서**

우리집 건강 주치의, 〈내 몸을 살린다〉시리즈 살펴보기

1. 비타민, 내 몸을 살린다
2. 물, 내 몸을 살린다
3. 영양요법, 내 몸을 살린다
4. 면역력, 내 몸을 살린다
5. 온열요법, 내 몸을 살린다
6. 디톡스, 내 몸을 살린다
7. 생식, 내 몸을 살린다
8. 다이어트, 내 몸을 살린다
9. 통증클리닉, 내 몸을 살린다
10. 천연화장품, 내 몸을 살린다
11. 아미노산, 내 몸을 살린다
12. 오가피, 내 몸을 살린다
13. 석류, 내 몸을 살린다
14. 효소, 내 몸을 살린다
15. 호전반응, 내 몸을 살린다
16. 블루베리, 내 몸을 살린다
17. 웃음치료, 내 몸을 살린다
18. 미네랄, 내 몸을 살린다
19. 항산화제, 내 몸을 살린다
20. 허브, 내 몸을 살린다
21. 프로폴리스, 내 몸을 살린다
22. 아로니아, 내 몸을 살린다
23. 자연치유, 내 몸을 살린다
24. 이소플라본, 내 몸을 살린다
25. 건강기능식품, 내 몸을 살린다

우리집 건강 주치의, 〈내 몸을 살리는〉시리즈 살펴보기

1. 내 몸을 살리는, 노니
2. 내 몸을 살리는, 해독주스
3. 내 몸을 살리는, 오메가-3
4. 내 몸을 살리는, 글리코영양소
5. 내 몸을 살리는, MSM
6. 내 몸을 살리는, 트랜스터팩터
7. 내 몸을 살리는, 안티에이징
8. 내 몸을 살리는, 마이크로바이옴
9. 내 몸을 살리는, 수소수
10. 내 몸을 살리는, 게르마늄

각 권 3,000원

〈내 몸을 살린다, 내 몸을 살리는〉 시리즈가 특별한 이유

1. 누구나 쉽게 접할 수 있게 내용을 담았습니다. 일상 속의 작은 습관들과 평상시의 노력만으로도 건강한 상태를 유지할 수 있도록 새로운 건강 지표를 제시합니다.

2. 한 권씩 읽을 때마다 건강 주치의가 됩니다. 오랜 시간 검증된 다양한 치료법, 과학적 · 의학적 수치를 통해 현대인이라면 누구나 쉽게 적용할 수 있도록 구성되어 건강관리에 도움을 줍니다.

3. 요즘 외국의 건강도서들이 주류를 이루고 있습니다. 가정의학부터 영양학, 대체의학까지 다양한 분야의 국내 전문가들이 집필하여, 우리의 인체 환경에 맞는 건강법을 제시합니다.

반갑다 호전반응
정용준 지음
108쪽 | 값 7,000원

약보다 디톡스
조은정 지음
136쪽 | 값 9,000원

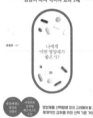

몸에 좋다는 영양제
송봉준 지음
320쪽 | 값 20,000원

해독요법
박정이 지음
304쪽 | 값 30,000원

공복과 절식
양우원 지음
267쪽 | 값 14,000원

자기 주도 건강관리법
송춘회 지음
280쪽 | 값 16,000원

우리샵, 네트워크 비즈니스의 판을 바꾸다

초판 1쇄 인쇄 2023년 11월 01일
1쇄 발행 2023년 11월 14일

지은이   전호근
발행인   이용길
발행처   모아북스
          MOABOOKS

감수인   김예원·김청흠·윤철경
관리   양성인
디자인   이룸

출판등록번호 제 10-1857호
등록일자   1999. 11. 15
등록된 곳   경기도 고양시 일산동구 호수로(백석동) 358-25 동문타워 2차 519호
대표 전화   0505-627-9784
팩스   031-902-5236
홈페이지   www.moabooks.com
이메일   moabooks@hanmail.net
ISBN   979-11-5849-222-9 03320